utb 4350

Eine Arbeitsgemeinschaft der Verlage

Böhlau Verlag · Wien · Köln · Weimar
Verlag Barbara Budrich · Opladen · Toronto
facultas · Wien
Wilhelm Fink · Paderborn
A. Francke Verlag · Tübingen
Haupt Verlag · Bern
Verlag Julius Klinkhardt · Bad Heilbrunn
Mohr Siebeck · Tübingen
Nomos Verlagsgesellschaft · Baden-Baden
Ernst Reinhardt Verlag · München · Basel
Ferdinand Schöningh · Paderborn
Eugen Ulmer Verlag · Stuttgart
UVK Verlagsgesellschaft · Konstanz, mit UVK/Lucius · München
Vandenhoeck & Ruprecht · Göttingen · Bristol
Waxmann · Münster · New York

Reinhard Joachim Wabnitz

Grundkurs Bildungsrecht für Pädagogik und Soziale Arbeit

Mit 64 Übersichten, 14 Fällen und Musterlösungen

Unter Mitarbeit von Markus Fischer und Jürgen Sauer

Ernst Reinhardt Verlag München Basel

Prof. Dr. jur. Dr. phil. *Reinhard Joachim Wabnitz* ist Professor für Rechtswissenschaft, insbesondere Familien- und Kinder- und Jugendhilferecht am Fachbereich Sozialwesen, Hochschule RheinMain, Wiesbaden.

Außerdem von R. J. Wabnitz im Ernst Reinhardt Verlag erschienen:

- Grundkurs Recht für die Soziale Arbeit (2., überarb. Aufl. 2014, ISBN 978-3-8252-4143-8)
- Grundkurs Familienrecht für die Soziale Arbeit (4., überarb. Aufl. 2014, ISBN 978-3-8252-4264-0)
- Grundkurs Kinder- und Jugendhilferecht für die Soziale Arbeit (3., überarb. Aufl. 2012, ISBN 978-3-8252-3841-4)

Bibliografische Information der Deutschen Nationalbibliothek

Die Deutsche Nationalbibliothek verzeichnet diese Publikation in der Deutschen Nationalbibliografie; detaillierte bibliografische Daten sind im Internet über <http://dnb.d-nb.de> abrufbar.
UTB-Band-Nr.: 4350
ISBN 978-3-8252-4350-0

© 2015 by Ernst Reinhardt, GmbH & Co KG, Verlag, München

Dieses Werk einschließlich seiner Teile ist urheberrechtlich geschützt. Jede Verwertung außerhalb der engen Grenzen des Urheberrechtsgesetzes ist ohne schriftliche Zustimmung der Ernst Reinhardt, GmbH & Co KG, München, unzulässig und strafbar. Das gilt insbesondere für Vervielfältigungen, Übersetzungen in andere Sprachen, Mikroverfilmungen und die Einspeicherung und Verarbeitung in elektronischen Systemen.

Printed in Germany
Einbandgestaltung: Atelier Reichert, Stuttgart
Satz: FELSBERG Satz & Layout, Göttingen

Ernst Reinhardt Verlag, Kemnatenstr. 46, D-80639 München
Net: www.reinhardt-verlag.de E-Mail: info@reinhardt-verlag.de

Inhalt

Abkürzungsverzeichnis 13

Vorwort 17

1	**Wichtige Grundbegriffe des Rechts**	18
1.1	Rechtsnormen...	18
1.1.1	Hierarchie von Rechtsnormen/Rechtsquellen............	18
1.1.2	Gliederung und Zitierweise von Rechtsnormen...........	20
1.1.3	Objektive und subjektive Rechte	21
1.2	Zivilrecht und öffentliches Recht	22
1.2.1	Abgrenzung von Zivilrecht und öffentlichem Recht	22
1.2.2	Rechtsgebiete des Zivilrechts	23
1.2.3	Rechtsgebiete des öffentlichen Rechts	24
1.3	Gerichtliche Rechtsverwirklichung	24
1.3.1	Gerichtsaufbau in der Bundesrepublik Deutschland........	25
1.3.2	Gerichtliches Verfahrensrecht	26
1.3.3	Prozesskostenhilfe	26
1.4	Fall: Schlägerei und Schadensersatz	27
2	**Verfassungsrechtliche Grundlagen**	28
2.1	Staatsprinzipien des Grundgesetzes......................	28
2.1.1	Republikanisches Prinzip und Demokratieprinzip	28
2.1.2	Bundesstaatsprinzip und Rechtsstaatsprinzip..............	29
2.1.3	Sozialstaatsprinzip	30
2.2	Bildungsrecht und Föderalismus	31
2.2.1	Bund und Länder im deutschen Föderalismus............	31
2.2.2	Kompetenzen im Schulrecht............................	32

2.2.3	Kompetenzen im Sozial- und Hochschulrecht	32
2.3	Wichtige Grundrechte nach dem Grundgesetz	32
2.3.1	Art. 1, 2 und 3 GG	34
2.3.2	Art. 6 und 7 GG	35
2.3.3	Art. 12 GG	36
2.4	Fall: Bund und Länder	37

3 Bildungsrechtliche Aspekte des Familienrechts ... 38

3.1	Bildung im Eltern-Kind-Verhältnis	38
3.1.1	Allgemeine Vorschriften und Kindeswohl	38
3.1.2	Bildung und Verwandtenunterhalt	39
3.1.3	Religiöse Kindererziehung	40
3.2	Elterliche Sorge (Teil I)	41
3.2.1	Begriff und Erwerb der elterlichen Sorge	41
3.2.2	Inhalte und Ausübung der elterlichen Sorge	43
3.2.3	Bildung und elterliche Sorge	44
3.3	Elterliche Sorge (Teil II)	44
3.3.1	Gesetzliche Vertretung	44
3.3.2	Eltern, Kinder und Familiengericht	46
3.3.3	Umgangsrechte	47
3.4	Fall: Eltern und Kinder in der Ausbildung	48

4 Bildungsrecht in den Büchern des Sozialgesetzbuchs (SGB) ... 49

4.1	Bildungsrelevante Inhalte der Bücher des SGB	49
4.1.1	Die Bücher des SGB	49
4.1.2	Die Gesetze der Fürsorge und Förderung	50
4.1.3	Die Gesetze der (Sozial-)Versicherung	50
4.2	Verwaltungsverfahren: Verwaltungsakt und öffentlich-rechtlicher Vertrag	51
4.2.1	Der Verwaltungsakt	51
4.2.2	Bestandskraft und Aufhebung des Verwaltungsakts	53
4.2.3	Öffentlich-rechtlicher Vertrag	53

4.3	Widerspruchsverfahren und gerichtliche Verfahren	54
4.3.1	Das Widerspruchsverfahren	54
4.3.2	Insbesondere: Zulässigkeit und Begründetheit	55
4.3.3	Gerichtliche Verfahren im Bildungs- und Sozialrecht	56
4.4	Fall: Erziehungsberatung und ihre Folgen	57
5	**Bildungsrecht nach dem SGB VIII (Teil I)**	**58**
5.1	Allgemeine Vorschriften	58
5.1.1	Kinder- und Jugendhilfe und SGB VIII	58
5.1.2	Freie und öffentliche Jugendhilfe	59
5.1.3	Wunsch- und Wahlrechte, Beteiligungsrechte	59
5.2	Prävention und Intervention bei Kindeswohlgefährdung	60
5.2.1	Schutzauftrag bei Kindeswohlgefährdung	60
5.2.2	Frühe Hilfen	62
5.2.3	Familienbildung	62
5.3	Hilfe zur Erziehung und verwandte Leistungen	63
5.3.1	Hilfe zur Erziehung	63
5.3.2	Eingliederungshilfe für seelisch behinderte Kinder und Jugendliche, Hilfe für junge Volljährige	64
5.3.3	Mitwirkung und Hilfeplan	65
5.4	Fall: Bedauernswerte M	66
6	**Bildungsrecht nach dem SGB VIII (Teil II)**	**68**
6.1	Kinder- und Jugendarbeit	68
6.1.1	Jugendarbeit	68
6.1.2	Förderung der Jugendverbände	70
6.1.3	Kooperation mit der Schule	71
6.2	Jugendsozialarbeit, Schulsozialarbeit	71
6.2.1	Jugendsozialarbeit	71
6.2.2	Schulsozialarbeit	73
6.2.3	Kooperation mit anderen Trägern und Maßnahmen	73
6.3	Kinder- und Jugendschutz	74
6.3.1	Erzieherischer Kinder- und Jugendschutz	74
6.3.2	Jugendschutzgesetz	74

8 Inhalt

| 6.4 | Fall: Schwierigkeiten bei der Jugendbildung | 75 |

7	**Bildungsrecht nach dem SGB VIII (Teil III)**	77
7.1	Förderung von Kindern in Tageseinrichtungen und in Kindertagespflege	77
7.1.1	Überblick	77
7.1.2	Angebote im Einzelnen	78
7.1.3	Landesrecht	78
7.2	Förderung von Kindern in Tageseinrichtungen	79
7.2.1	Überblick	79
7.2.2	Angebote im Einzelnen	79
7.2.3	Objektive Rechtsverpflichtungen und subjektive Rechtsansprüche	81
7.3	Förderung von Kindern in Kindertagespflege und anderen Angeboten	82
7.3.1	Förderung in Kindertagespflege	82
7.3.2	Objektive Rechtsverpflichtungen und subjektive Rechtsansprüche	84
7.3.3	Andere Förderangebote	84
7.4	Fall: Kindertagesbetreuung für T	85

8	**Bundesausbildungsförderungsgesetz**	87
8.1	Förderungsfähige Ausbildungen und Leistungen	87
8.1.1	Förderungsfähige Ausbildungen	88
8.1.2	Leistungen	88
8.1.3	Persönliche Voraussetzungen für die Leistungsgewährung	90
8.2	Zuständigkeiten, Verfahren, Anspruchsübergang	90
8.2.1	Zuständigkeiten	90
8.2.2	Verfahren	90
8.2.3	Anspruchsübergang	91
8.3	Weitere Möglichkeiten der Ausbildungsförderung	91
8.3.1	Leistungen für Bildung und Teilhabe nach SGB II und SGB XII	91
8.3.2	Leistungen nach dem Aufstiegsfortbildungsförderungsgesetz	92
8.3.3	Weitere Förderungsmöglichkeiten	93

8.4	Fall: Studentin S und das BAföG	94
9	**Schulische Bildung**	**95**
9.1	Schulpflicht und Recht auf schulische Bildung	96
9.1.1	Schulpflicht	96
9.1.2	Recht auf schulische Bildung	97
9.1.3	Weitere Ansprüche auf Förderung und Unterstützung	98
9.2	Gliederung und Organisation des Schulwesens	98
9.2.1	Die verschiedenen Schularten	98
9.2.2	Schulträgerschaft und Schulaufsicht	100
9.2.3	Schulhoheit und Privatschulfreiheit	101
9.3	Rechtsstellung von Schülern, Eltern und Lehrern	101
9.3.1	Schülerinnen und Schüler	101
9.3.2	Eltern	102
9.3.3	Lehrerinnen und Lehrer	103
9.4	Fall: Schülerleben	104
10	**Berufliche Bildung und berufliche Weiterbildung nach dem SGB III** (Jürgen Sauer)	**105**
10.1	Berufswahl und Berufsausbildung	105
10.1.1	Förderung von Berufswahl und Berufsausbildung nach dem SGB III	105
10.1.2	Leistungen	106
10.1.3	Persönliche Voraussetzungen für die Leistungsgewährung	108
10.2	Berufliche Weiterbildung	110
10.2.1	Förderungsfähige Weiterbildungen	110
10.2.2	Leistungen	111
10.2.3	Persönliche Voraussetzungen für die Leistungsgewährung	112
10.3	Zuständigkeiten, Verfahren, Anspruchsübergang	113
10.3.1	Zuständigkeiten	113
10.3.2	Verfahren	114
10.3.3	Anspruchsübergang	115
10.4	Fall: Berufsausbildungsbeihilfe für F	116

11 Bildung für behinderte junge Menschen ... 117

11.1 Leistungen zur Teilhabe nach dem SGB ... 117
11.1.1 Leistungen nach dem SGB IX und den anderen Büchern des SGB ... 117
11.1.2 Rehabilitationsträger ... 118
11.1.3 Abgrenzung und Koordination ... 119
11.2 Wichtige bildungsrelevante Leistungen nach dem SGB im Einzelnen ... 120
11.2.1 Leistungen zur Teilhabe am Arbeitsleben ... 120
11.2.2 Leistungen zur Teilhabe am Leben in der Gemeinschaft ... 120
11.2.3 Leistungen der Eingliederungshilfe ... 121
11.3 Schule, Kinder- und Jugendhilfe und Inklusion ... 123
11.3.1 Schulrecht der Länder ... 123
11.3.2 Inklusion und Schule ... 123
11.3.3 Inklusion und Kinder- und Jugendhilfe ... 124
11.4 Fall: Förderung behinderter junger Menschen ... 125

12 Prüfungsrecht (Jürgen Sauer) ... 126

12.1 Verfassungsrecht und Prüfungsrecht ... 126
12.1.1 Gesetzesvorbehalt und Grundrechte ... 126
12.1.2 Grundrechtsschutz bei „berufsbezogenen" Prüfungen ... 128
12.1.3 Grundrechtsschutz bei sonstigen Prüfungen ... 129
12.2 Das Prüfungsverfahren ... 130
12.2.1 Prüfungen als Verwaltungsverfahren ... 130
12.2.2 Besondere Verfahrensregelungen für berufsbezogene oder vergleichbare Prüfungen ... 130
12.2.3 Das verwaltungsinterne „Überdenkungsverfahren" bei berufseröffnenden Prüfungen ... 131
12.3 Rechtsschutz im Prüfungsverfahren ... 131
12.3.1 Widerspruchsverfahren ... 132
12.3.2 Gerichtlicher Rechtsschutz ... 133
12.3.3 Die Erfolgsaussichten von Rechtsmitteln gegen Prüfungsentscheidungen ... 134
12.4 Fall: Die Abiturprüfung ... 136

13	**Aufsichtspflicht und Haftung, Datenschutz** (Markus Fischer)	138
13.1	Aufsichtspflicht und Haftung	138
13.1.1	Zivilrecht	138
13.1.2	Arbeitsrecht	141
13.1.3	Strafrecht	142
13.2	Gesetzliche Unfallversicherung	143
13.2.1	Versicherter Personenkreis und Versicherungsfall	143
13.2.2	Leistungsumfang	143
13.2.3	Einschränkung der Haftung der Versicherten	144
13.3	Datenschutz	144
13.3.1	Recht auf informationelle Selbstbestimmung	144
13.3.2	Struktur des Datenschutzrechts	145
13.3.3	Haftung bei Verletzung der datenschutzrechtlichen Vorschriften	146
13.4	Fall: Tauschbörsen und zerstochene Reifen	147
14	**UN-Kinderrechtskonvention** (Markus Fischer)	149
14.1	UN-Kinderrechtskonvention (UN-KRK)	149
14.1.1	Bedeutung der Kinderrechte	149
14.1.2	Überblick über die Kinderrechte	150
14.1.3	Kinderrechte als Grundrechte in das Grundgesetz?	151
14.2	Art. 3 Abs. 1 UN-KRK	152
14.2.1	Inhalt des Art. 3 Abs. 1 UN-KRK	152
14.2.2	Berücksichtigung des Art. 3 Abs. 1 UN-KRK im deutschen Recht	153
14.2.3	Vereinbarkeit des deutschen Rechts mit Art. 3 Abs. 1 UN-KRK?	154
14.3	Art. 28 Abs. 1 UN-KRK	155
14.3.1	Inhalt des Art. 28 UN-KRK	155
14.3.2	Berücksichtigung des Art. 28 UN-KRK im deutschen Recht	156
14.3.3	Vereinbarkeit des deutschen Rechts mit Art. 28 UN-KRK?	156
14.4	Fall: Der Elternabend	157

Anhang 158
Musterlösungen 158
Literatur 179
Sachregister 186

Abkürzungsverzeichnis

AdVermiG	Adoptionsvermittlungsgesetz
AFBG	Aufstiegsfortbildungsförderungsgesetz
AG	Amtsgericht
AGJ	Arbeitsgemeinschaft für Kinder- und Jugendhilfe
AltPflG	Altenpflegegesetz
ArbGG	Arbeitsgerichtsgesetz
Art	Artikel
ASR	Anwalt/Anwältin im Sozialrecht (Zeitschrift)
AsylVfG	Asylverfahrensgesetz
AufenthG	Aufenthaltsgesetz
BAföG	Bundesausbildungsförderungsgesetz
BAG	Bundesarbeitsgericht
BayEUG	Bayerisches Gesetz über das Erziehungs- und Unterrichtswesen
BBiG	Berufsbildungsgesetz
BDSG	Bundesdatenschutzgesetz
BEEG	Bundeselterngeld- und Elternzeitgesetz
BGB	Bürgerliches Gesetzbuch
BGBl	Bundesgesetzblatt
BGH	Bundesgerichtshof
BGHZ	Amtliche Sammlung der Entscheidungen des Bundesgerichtshofs in Zivilsachen
BKGG	Bundeskindergeldgesetz
BKiSchG	Bundeskinderschutzgesetz
BMAS	Bundesministerium für Arbeit und Soziales
BMBF	Bundesministerium für Bildung und Forschung
BMFSFJ	Bundesministerium für Familie, Senioren, Frauen und Jugend
BRK	(UN-)Behindertenrechtskonvention
BSG	Bundessozialgericht
BSchulG	Schulgesetz für das Land Berlin
BSHG	Bundessozialhilfegesetz in der Fassung bis zum 31.12.2004 (jetzt: SGB II)
BVerfG	Bundesverfassungsgericht

Abkürzungsverzeichnis

BVerfGE	Amtliche Sammlung der Entscheidungen des Bundesverfassungsgerichts
BVerfG	Bundesverfassungsgerichtsgesetz
BVerfGE	Amtliche Sammlung der Entscheidungen des Bundesverfassungsgerichts
BVerwG	Bundesverwaltungsgericht
BVerwGE	Amtliche Sammlung der Entscheidungen des Bundesverwaltungsgerichts
DIPF	Deutsches Institut für internationale pädagogische Forschung
EGBGB	Einführungsgesetz zum BGB
EStG	Einkommensteuergesetz
FamFG	Gesetz über das Verfahren in Familiensachen und in den Angelegenheiten der freiwilligen Gerichtsbarkeit
FamRZ	Zeitschrift für das gesamte Familienrecht
FGO	Finanzgerichtsordnung
Forum Jugendhilfe	Zeitschrift
FuR	Familie und Recht (Zeitschrift)
GG	Grundgesetz
GVBl	Gesetz- und Verordnungsblatt
GVG	Gerichtsverfassungsgesetz
IJAB	Fachstelle für Internationale Jugendarbeit der Bundesrepublik Deutschland e.V. (früher: Internationaler Jugendaustausch- und Besucherdienst)
IHKG	Gesetz über die Industrie- und Handelskammern
HSchulG	Hessisches Schulgesetz
HwO	Handwerksordnung
JA/JÄer	Jugendamt/Jugendämter
JAmt	Das Jugendamt (Zeitschrift)
JGG	Jugendgerichtsgesetz
JuSchG	Jugendschutzgesetz
JZ	Juristenzeitung
KfW	Kreditanstalt für Wiederaufbau
KKG	Gesetz zur Kooperation und Information im Kinderschutz
KRK	(UN-)Kinderrechtskonvention
LG	Landgericht
LJA/LJÄer	Landesjugendamt/Landesjugendämter
NDV(-RD)	Nachrichtendienst des Deutschen Vereins für öffentliche und private Fürsorge (-Rechtsprechungsdienst)

NJ	Neue Justiz (Zeitschrift)
NJW	Neue Juristische Wochenschrift
NRWSchulG	Schulgesetz Nordrhein-Westfalen
NVwZ(–RR)	Neue Zeitschrift für Verwaltungsrecht (– Rechtsprechungsreport)
NZA	Neue Zeitschrift für Arbeitsrecht
OLG	Oberlandesgericht
OWiG	Gesetz über Ordnungswidrigkeiten
RdJB	Recht der Jugend und des Bildungswesens (Zeitschrift)
RG	Reichsgericht
RGBl	Reichsgesetzblatt
RGSt	Amtliche Sammlung der Entscheidungen des Reichsgerichts in Strafsachen
Rz	Randziffer(n)
SGB	Sozialgesetzbuch
SGB I	Erstes Buch Sozialgesetzbuch (Allg. Teil)
SGB II	Zweites Buch Sozialgesetzbuch (Grundsicherung für Arbeitsuchende)
SGB III	Drittes Buch Sozialgesetzbuch (Arbeitsförderung)
SGB IV	Viertes Buch Sozialgesetzbuch (Gemeinsame Vorschriften für die Sozialversicherung)
SGB V	Fünftes Buch Sozialgesetzbuch (Gesetzliche Krankenversicherung)
SGB VI	Sechstes Buch Sozialgesetzbuch (Gesetzliche Rentenversicherung)
SGB VII	Siebtes Buch Sozialgesetzbuch (Gesetzliche Unfallversicherung)
SGB VIII	Achtes Buch Sozialgesetzbuch (Kinder- und Jugendhilfe)
SGB IX	Neuntes Buch Sozialgesetzbuch (Rehabilitation und Teilhabe)
SGB X	Zehntes Buch Sozialgesetzbuch (Verwaltungsverfahren)
SGB XI	Elftes Buch Sozialgesetzbuch (Soziale Pflegeversicherung)
SGB XII	Zwölftes Buch Sozialgesetzbuch (Sozialhilfe)
SGb	Die Sozialgerichtsbarkeit (Zeitschrift)
SGG	Sozialgerichtsgesetz
StGB	Strafgesetzbuch
StPO	Strafprozessordnung

U3	Fachkürzel für Kinder im Alter von unter drei Jahren
UJ	Unsere Jugend (Zeitschrift)
UN	Vereinte Nationen
UN-BRK	UN- Behindertenrechtskonvention
UN-KRK	UN- Kinderrechtskonvention
UrhG	Urheberrechtsgesetz
UVG	Unterhaltsvorschussgesetz
VwGO	Verwaltungsgerichtsordnung
VwVfG	Verwaltungsverfahrensgesetz
WRV	Weimarer Reichsverfassung
ZKJ	Zeitschrift für Kindschaftsrecht und Jugendhilfe
ZPO	Zivilprozessordnung

Vorwort

In den letzten Jahren sind in Deutschland neben den „klassischen" Ausbildungsgängen für Sozialarbeit, Sozialpädagogik bzw. Sozialwesen oder Erziehungswissenschaft bzw. den Lehramtsstudiengängen auch zahlreiche BA- und MA-Studiengänge „Bildung" an Fachhochschulen, Hochschulen und Universitäten entstanden. Die genauen Bezeichnungen variieren; es gibt z. B. Studiengänge für: Frühe Kindheit, Frühkindliche Bildung, Kindheitswissenschaften, Bildung in Kindheit und Jugend, Soziale Arbeit und Bildung u. a. Dort ist oft bereits in frühen Semestern des Studiums eine Lehrveranstaltung zum Bildungsrecht für Pädagogik (und ggf. Soziale Arbeit) zu besuchen und mit einer Prüfungsleistung, häufig mit einer Klausur, abzuschließen.

Darauf will der vorliegende „Grundkurs Bildungsrecht für Pädagogik und Soziale Arbeit" vorbereiten, der zugleich Neugierde wecken und Freude beim „ersten Einstieg" in das Recht vermitteln soll. Das vorliegende Buch stellt in 14 Kapiteln (entsprechend den üblichen ca. 28 Semester-Wochenstunden) das relevante Basiswissen in einer speziell auf die Zielgruppe zugeschnittenen Art und Weise dar. Im Mittelpunkt der Darstellung stehen neben den einführenden Textteilen Übersichten über das „Wichtigste", ergänzt um Erläuterungen und Fallbeispiele (mit Lösungen am Ende des Buches) für ein weitergehendes Verständnis.

Das vorliegende Werk ist am Fachbereich Sozialwesen der Hochschule RheinMain in Wiesbaden entwickelt worden. Dankenswerterweise haben meine beiden dortigen Kollegen Prof. Dr. jur. Markus Fischer und Prof. Dr. jur. Jürgen Sauer je zwei Kapitel geschrieben, und zwar die Kapitel 10 und 12 (Jürgen Sauer) sowie 13 und 14 (Markus Fischer).

Hingewiesen wird darüber hinaus auf meine drei weiteren, breiter angelegten Grundkurse, die ebenfalls im Ernst Reinhardt-Verlag erschienen sind: „Grundkurs Recht für die Soziale Arbeit", „Grundkurs Familienrecht für die Soziale Arbeit" sowie „Grundkurs Kinder- und Jugendhilferecht für die Soziale Arbeit".

Wiesbaden, Januar 2015   Reinhard Joachim Wabnitz

1 Wichtige Grundbegriffe des Rechts

Was hat Recht, insbesondere Bildungsrecht, mit Pädagogik und Sozialer Arbeit zu tun? Sehr viel mehr, als man zu Beginn des Studiums vielleicht gedacht hätte! Bei näherer Betrachtung wird nämlich schnell deutlich, dass ebenso wie Wirtschaft und Arbeitswelt, Umwelt und Gesellschaft auch Pädagogik und Sozialarbeit durch rechtliche Dimensionen gekennzeichnet und von rechtlichen Regelungen durchdrungen sind, etwa durch:

Schulgesetze, Lehrpläne, Ausbildungs- und Prüfungsordnungen, Regelungen über den Berufsalltag oder Gesetze, die Ansprüche von Bürgerinnen und Bürgern auf soziale Leistungen beinhalten. Um diese Regelwerke zu verstehen, ist es hilfreich, zunächst wichtige Grundbegriffe des Rechts zu kennen, die in hier in Kapitel 1 dargestellt und erläutert werden.

1.1 Rechtsnormen

1.1.1 Hierarchie von Rechtsnormen/Rechtsquellen

Es gibt in Deutschland Rechtsnormen unterschiedlicher Herkunft und Bedeutung, die in einem gestuften, hierarchischen Verhältnis zueinander stehen (Näheres bei Kievel et. al. 2013, 3.2; Trenczek et. al. 2014, I 1.1.3; Wabnitz 2014a, Kap. 2). Die verschiedenen Rechtsnormen werden häufig auch als „Rechtsquellen" bezeichnet und stehen in einem Über- und Unterordnungsverhältnis zueinander (siehe Übersicht 1):

> **Stufung/Hierarchie von Rechtsnormen/Rechtsquellen in Deutschland**
>
> **1. Bundesrecht**
> 1.1 Grundgesetz (GG) = Bundesverfassung
> 1.2 Bundesgesetz
> 1.3 Bundesrechtsverordnung
>
> **2. Landesrecht**
> 2.1 Landesverfassung
> 2.2 Landesgesetz
> 2.3 Landesrechtsverordnung
> 2.4 Satzung, z. B. von Gemeinden oder Sozialversicherungsträgern
>
> *Übersicht 1*

Die ranghöchste („oberste") Rechtsnorm bzw. Rechtsquelle in Deutschland ist das Grundgesetz (GG) für die Bundesrepublik aus dem Jahre 1949 – mit vielen späteren Änderungen (im Einzelnen dazu Kap. 2). Im GG sind die zentralen Grundentscheidungen für das Verhältnis von Bürger und Staat und für den Staatsaufbau der Bundesrepublik Deutschland getroffen worden.

„Unterhalb" der Ebene des Grundgesetzes gibt es ca. 3.000 Bundesgesetze, die vom Deutschen Bundestag unter Mitwirkung des Bundesrates beschlossen worden sind. Die wichtigsten Gesetze des Bildungsrechts werden in den Kapiteln 3 bis 8 sowie 10 und 11 im Einzelnen erläutert.

Auf der dritten Ebene der bundesrechtlichen Rechtsnormen gibt es Bundesrechtsverordnungen, z. B. zum Sozialhilferecht. Dort werden weitere Einzelheiten in Ausführung eines bestimmten Bundesgesetzes geregelt. Dabei ist es wichtig zu wissen, dass die Bundesrechtsverordnungen nicht vom Deutschen Bundestag beschlossen werden, sondern von der Bundesregierung oder einzelnen Bundesministern.

Neben den Rechtsnormen, die von der Bundesrepublik Deutschland als Gesamtstaat geschaffen worden sind (Grundgesetz, Bundesgesetze und Bundesrechtsverordnungen), gibt es in jedem der 16 Bundesländer nach demselben hierarchischen Prinzip wiederum eine Landesverfassung, gibt es Landesgesetze (z. B. im Bereich des Schulrechts; Kap. 9) und Landesrechtsverordnungen.

In den meisten Bundesländern gibt es zudem zahlreiche kommunale Gebietskörperschaften (Gemeinden, Städte und Landkreise). Diese sind häufig aufgrund von Landesgesetzen dazu ermächtigt, ihrerseits Rechtsnormen zu erlassen, und zwar in Form von sogenannten Satzungen. Beispiele dafür sind z.B. Satzungen einer Stadt über den Jugendhilfeausschuss, Haushaltssatzungen oder im Bereich der Hochschulen Grundordnungen sowie Studien- und Prüfungsordnungen.

Was gilt nun für das Verhältnis von Bundesrecht und Landesrecht? Hierzu gibt es in Art. 31 GG eine klare Regelung: „Bundesrecht bricht Landesrecht." Das heißt: alle Rechtsnormen des Bundesrechts gehen allen Rechtsnormen des Landesrechts vor, auch ein Bundesgesetz einer Landesverfassung!

1.1.2 Gliederung und Zitierweise von Rechtsnormen

Wie sind nun Rechtsnormen gegliedert und wie werden sie zitiert (Näheres bei Kievel et. al. 2013, 3.2; Trenczek et. al. 2014, I 1.1.3; Wabnitz 2014a Kap. 2.3)? Einen Überblick dazu vermittelt die Übersicht 2:

Gliederung und Zitierweise von Gesetzen (und anderen Rechtsnormen) *Übersicht 2*

1. **Gliederung von Gesetzen**
   - ggf. in: Bücher (im BGB oder SGB)
   - ggf. in: Kapitel
   - ggf. in: Abschnitte
   - ggf. in: Unterabschnitte oder Titel
   - grds. in: Paragrafen (§§) oder selten, etwa im GG: in Artikel (Art.)

2. **Zitierweise von Paragrafen (§§) oder Artikeln (Art.)**
   Paragraf: §; ggf. weiter untergliedert und zitiert wie folgt:
   - Absätze: I, II, III oder Abs. 1, 2, 3 oder (1), (2), (3)
   - Sätze: 1, 2, 3 oder Satz 1, 2, 3 oder S. 1, 2, 3
   - ggf. Halbsätze: Halbsatz 1, 2, 3 oder Halbs. 1, 2, 3
   - ggf. Nummern: Nr(n). 1, 2, 3

Die „Basiseinheit" von Rechtsnormen ist der einzelne Paragraf. Dieser wird durch das Zeichen „§" symbolisiert, der zwei ineinander verschlungenen Buchstaben „S" entspricht (aus dem Lateinischen: signum sectionis = Zeichen der Abteilung/des Abschnitts). Wie umfangreich ein einzelner Paragraf gestaltet wird, entscheidet der Gesetzgeber unter Zweckmäßigkeitsgesichtspunkten. Es gibt Paragrafen, die nur wenige Worte bzw. nur einen einzigen Satz enthalten (§ 1 BGB lautet: „Die Rechtsfähigkeit des Menschen beginnt mit der Vollendung der Geburt."). Andere Paragrafen umfassen mehrere Textseiten, z. B. im Einkommensteuergesetz.

Sehr häufig werden Paragrafen in mehrere Absätze unterteilt, die mit römischen Ziffern (I, II, III) oder abgekürzt mit „Abs." oder mit in Klammern gesetzten arabischen Ziffern – (1), (2), (3) – zitiert werden. Beispiel: § 38 II oder § 38 Abs. 2 oder § 38 (2). Des Weiteren werden oft Absätze eines Paragrafen nochmals in mehrere Sätze unterteilt, die mit arabischen Buchstaben (1, 2, 3) oder mit „S." bezeichnet werden. Beispiel: § 67 II 3 oder § 67 Abs. 2 S. 3 oder § 67 (2) 3.

Damit exakt klar wird, worüber man spricht und welche Rechtsnorm im Einzelnen gemeint ist, ist es unbedingt erforderlich, Gesetze und Paragrafen so präzise wie möglich zu zitieren, z.B.: „§ 9 Abs. 2 S. 1" mit nachfolgender Gesetzesbezeichnung, zumeist in Kurzform (z. B. BGB oder SGB I).

1.1.3 Objektive und subjektive Rechte

Für die gesamte Rechtsordnung ist es sodann wichtig, zwischen objektivem und subjektivem Recht bzw. objektiven und subjektiven Rechtsnormen zu unterscheiden (Näheres bei Wabnitz 2014a, Kap. 2.2). Unter objektivem Recht oder objektiven Rechtsnormen versteht man die gesamte Rechtsordnung bzw. die Gesamtheit der existierenden Rechtsnormen. Dazu zählen alle Gesetze wie z. B. das Bürgerliche Gesetzbuch (BGB), Sozialgesetzbuch (SGB) oder das Schulgesetz des Landes X. Auf die dort enthaltenen objektiven Rechtsnormen kann sich der Einzelne allerdings nur berufen bzw. auf ihrer Grundlage nur dann Klage vor den Gerichten erheben, wenn ihm zusätzlich auch ein subjektives Recht, meist in Form eines (Rechts-)Anspruchs, zusteht. Zum Ganzen die Übersicht 3:

> **Objektive und subjektive Rechte**
>
> 1. **Objektives Recht**
>   = die gesamte Rechtsordnung oder die Gesamtheit der Rechtsnormen oder bestimmte Rechtsnormen
>
> 2. **Subjektive Rechte**
>   = Rechte des Einzelnen, insbesondere (Rechts-)Ansprüche des Privatrechts (§ 194 BGB) oder des öffentlichen Rechts (z. B. §§ 24, 27 SGB VIII).
>
> *Übersicht 3*

1.2 Zivilrecht und öffentliches Recht

1.2.1 Abgrenzung von Zivilrecht und öffentlichem Recht

Die verschiedenen Teilgebiete des Rechts werden in Deutschland traditionell entweder dem Zivilrecht (Privatrecht) oder dem Öffentlichen Recht zugeordnet (Näheres bei Wabnitz 2014a, Kap. 2). Diese Unterscheidung ist auch für die Pädagogik und die Soziale Arbeit von erheblicher Bedeutung und wird deshalb – in vereinfachter Form – in Übersicht 4 erläutert:

> **Abgrenzung von Zivilrecht und Öffentlichem Recht**
>
> 1. **Zivilrecht (Privatrecht):** Auf beiden Seiten einer Rechtsbeziehung stehen sich Privatpersonen (als natürliche oder juristische Personen des Zivilrechts) gegenüber.
>
> 2. **Öffentliches Recht:** Auf mindestens einer Seite einer Rechtsbeziehung befindet sich der „Staat" (als Bundesrepublik Deutschland, als ein Bundesland, als eine Gemeinde oder ein Sozialversicherungsträger).
>
> *Übersicht 4*

Das Zivilrecht (oder Privatrecht) regelt also die Rechtsbeziehungen der Bürgerinnen und Bürger untereinander, und zwar sowohl zwischen natürlichen Personen (Menschen) als auch sogenannten juristischen Personen des Privatrechts (z. B. eingetragener Verein/e. V. oder Gesellschaft mit beschränkter Haftung/GmbH). Das öffentliche Recht hingegen regelt die Rechtsbeziehungen zwischen BürgerInnen und Staat sowie auch die Organisation von Staat und Verwaltung und die Rechtsbeziehungen zwischen mehreren Trägern hoheitlicher Verwaltung untereinander, zum Beispiel mehreren Trägern der öffentlichen Jugendhilfe.

1.2.2 Rechtsgebiete des Zivilrechts

Die wichtigsten Rechtsgebiete des Zivilrechts (Näheres bei Kievel et. al. 2013, 3.2.2.1; Wabnitz 2014a, Kap. 2.4, 4) werden in Übersicht 5 genannt:

Rechtsgebiete des Zivilrechts (oder Privatrechts)

1. Bürgerliches Recht (BGB)
1.1 Allgemeiner Teil (Buch 1)
1.2 Schuldrecht (Buch 2)
1.3 Sachenrecht (Buch 3)
1.4 Familienrecht (Buch 4)
1.5 Erbrecht (Buch 5)

2. Sonstiges Privatrecht, Arbeits- und Wirtschaftsrecht
2.1 Arbeitsrecht
2.2 Handelsrecht
2.3 Gesellschaftsrecht
2.4 Banken-, Kredit-, Versicherungsvertragsrecht
2.5 Wettbewerbsrecht

Übersicht 5

Das für die Pädagogik und die Soziale Arbeit wichtigste Gesetz des Zivilrechts ist das Bürgerliche Gesetzbuch (BGB), insbesondere dessen Viertes Buch Familienrecht (Kap. 3).

1.2.3 Rechtsgebiete des öffentlichen Rechts

Dazu diese Übersicht 6:

Rechtsgebiete des öffentlichen Rechts   *Übersicht 6*

1. Völkerrecht, Recht der Europäischen Union
2. Staats- und Verfassungsrecht
3. Verwaltungsrecht
   3.1 Allgemeines Verwaltungsrecht
   3.2 Bildungsrecht als besonderes Verwaltungsrecht
   3.3 Sozialrecht als besonderes Verwaltungsrecht
   3.4 Steuerrecht als besonderes Verwaltungsrecht
   3.5 Weitere Gebiete des besonderen Verwaltungsrechts
4. Strafrecht
5. Prozessrecht

Im Bereich des öffentlichen Rechts (Näheres bei Kievel et. al. 2013, 3.2.2.1; Trenczek et. al. 2014, III; Wabnitz 2014a, Kap. 2) sind für die Pädagogik und die Soziale Arbeit das Bildungsrecht und das Sozialrecht als Teile des (Besonderen) Verwaltungsrechts von zentraler Bedeutung (Kap. 4 bis 12), aber auch einzelne Artikel des Grundgesetzes (Kap. 2). Teil des öffentlichen Rechts ist auch das einschlägige Prozessrecht (Kap. 1.3).

1.3 Gerichtliche Rechtsverwirklichung

Die Bundesrepublik Deutschland ist ein umfassend ausgebauter Rechtsstaat (Kap. 2.1.2). Wird jemand „durch die öffentliche Gewalt" in seinen Rechten verletzt, „so steht ihm der Rechtsweg offen" (Art. 19 Abs. 4 Satz 1 GG). Mit anderen Worten: Gegen nahezu alle Formen hoheitlichen Handelns kann sich der Bürger, soweit er in seinen Rechten betroffen ist, zur Wehr setzen, indem er ein Gericht anruft. Im Verhältnis zwischen Zivilpersonen untereinander gilt dies grundsätzlich ohnehin.

1.3.1 Gerichtsaufbau in der Bundesrepublik Deutschland

In Deutschland gibt es derzeit sieben Gerichtsbarkeiten (siehe dazu Übersicht 7; Näheres bei Kievel et. al. 2013, Kap. 22; Trenczek et. al. 2014, I 5.; Wabnitz 2014a, Kap. 7.1):

> **Vereinfachter Überblick über den Gerichtsaufbau in Deutschland**
>
> **1. Verfassungsgerichtsbarkeit:**
> 1.1 Bundesverfassungsgericht
> 1.2 Landesverfassungsgerichte (in den 16 Ländern)
>
> **2. Zivilgerichtsbarkeiten:**
> 2.1 Allgemeine Zivilgerichtsbarkeit (Amtsgericht, Landgericht, Oberlandesgericht, Bundesgerichtshof)
> 2.2 Arbeitsgerichtsbarkeit (Arbeitsgericht, Landesarbeitsgericht, Bundesarbeitsgericht)
>
> **3. Öffentlich-rechtliche Gerichtsbarkeiten:**
> 3.1 Verwaltungsgerichtsbarkeit (Verwaltungsgericht, Oberverwaltungsgericht/Verwaltungsgerichtshof, Bundesverwaltungsgericht)
> 3.2 Sozialgerichtsbarkeit (Sozialgericht, Landessozialgericht, Bundessozialgericht)
> 3.3 Finanzgerichtsbarkeit (Finanzgericht, Bundesfinanzhof)
> 3.4 Strafgerichtsbarkeit (Amtsgericht, Landgericht, Oberlandesgericht, Bundesgerichtshof)

Übersicht 7

Für Pädagogik, Bildungsrecht und Soziale Arbeit sind die Verwaltungsgerichtsbarkeit und die Sozialgerichtsbarkeit von besonderer Bedeutung (Kap. 4.3). „Über" allen anderen Gerichtsbarkeiten steht die Verfassungsgerichtsbarkeit: das Bundesverfassungsgericht mit Blick auf Fragen des Grundgesetzes, die 16 Landesverfassungsgerichte mit Blick auf Fragen der jeweiligen Landesverfassung. Das Bundesverfassungsgericht kann in der Regel erst dann angerufen werden, wenn der jeweilige Rechtsweg „ausgeschöpft", also erfolglos durchlaufen worden ist.

In den meisten Gerichtsbarkeiten gibt es sogenannte (mehrstufige) „Instanzenzüge": immer eine Eingangsinstanz, oft eine „Berufungsinstanz" und als letzte Instanz ggf. die sogenannte „Revisionsinstanz":

1.3.2 Gerichtliches Verfahrensrecht

Für jede der genannten Gerichtsbarkeiten gibt es spezielle Gerichtsverfahrens- oder Prozessgesetze (siehe Übersicht 8):

> **Gerichtsverfahrens- oder Prozessgesetze**
>
> *Übersicht 8*
>
> 1. **Allgemein: Gerichtsverfassungsgesetz (GVG)** für die Organisation der Zivil- und Strafgerichtsbarkeit (sog. „Ordentliche Gerichtsbarkeit")
>
> 2. **Zivilrecht**
> 2.1 Zivilprozessordnung (ZPO)
> 2.2 Gesetz über das Verfahren in Familiensachen und in den Angelegenheiten der freiwilligen Gerichtsbarkeit (FamFG)
> 2.3 Arbeitsgerichtsgesetz (ArbGG)
>
> 3. **Öffentliches Recht**
> 3.1 Verwaltungsgerichtsordnung (VwGO)
> 3.2 Sozialgerichtsgesetz (SGG)
> 3.3 Finanzgerichtsordnung (FGO)
> 3.4 Bundesverfassungsgerichtsgesetz (BVerfGG)
>
> 4. **Strafrecht**
> 4.1 Strafprozessordnung (StPO)
> 4.2 Jugendgerichtsgesetz (JGG)

1.3.3 Prozesskostenhilfe

Die Erfolgsaussichten eines Gerichtsprozesses sind oft schwer abzuschätzen. (Der Volksmund sagt dazu: „Vor den Gerichten ist es wie auf hoher See: man befindet sich allein in Gottes Hand.") Die Gerichts- und Rechtsanwaltskosten hat grundsätzlich die unterlegene Partei zu tragen. Bei einem vor den Zivilgerichten geführten und verlorenen Prozess über mehrere Instanzen hinweg kann es vorkommen, dass die Gerichts- und Anwaltskosten die Höhe des Streitwertes erreichen oder gar überschreiten.

Auf der anderen Seite soll grundsätzlich aus finanziellen Gründen niemand davon abgehalten werden, vor Gericht sein Recht zu suchen und durchzusetzen. Deshalb gibt es die Möglichkeit, Prozesskostenhilfe (PKH) nach den §§ 114 ff. ZPO zu beantragen (Näheres bei Wabnitz 2014a, Kap. 7.3; Trenczek et. al. 2014, Kap. I. 5.3.3, Kievel et. al. 2013, Kap. 22.1.4)

Literatur

Falterbaum, J. (2013): Rechtliche Grundlagen Sozialer Arbeit. 4. Aufl.
Kievel, W., Knösel, P., Marx, A. (2013): Recht für soziale Berufe. Basiswissen kompakt.
Kropholler, J. (2013): Bürgerliches Gesetzbuch – Studienkommentar. 14. Aufl.
Palandt, O. (2015): Bürgerliches Gesetzbuch. 74. Aufl.
Trenczek, T., Tammen, B., Behlert, W., Boetticher, A. von (2014): Grundzüge des Rechts. Studienbuch für soziale Berufe. 4. Aufl.
Wabnitz, R. J. (2014a): Grundkurs Recht für die soziale Arbeit. 4. Aufl.

1.4 Fall: Schlägerei und Schadensersatz

A und B sind verfeindet. Sie treffen sich zufällig spät abends in der Stadt. A sieht B zuerst, zieht ein Messer mit feststehender Klinge aus dem Halfter und sticht auf B ein, der ihn erst in diesem Moment erkennt. Der nicht bewaffnete B duckt sich in letzter Sekunde geschickt weg, sodass A ihn nicht trifft. Blitzschnell versetzt B dem A einen gezielten Faustschlag ins Gesicht, sodass A zu Boden geht, schwer im Gesicht verletzt wird und ins Krankenhaus gebracht werden muss.

1. Kann A von B Schadensersatz verlangen?
2. Kann B von A Schadensersatz verlangen?

(Die ebenfalls einschlägigen §§ 223 ff. StGB – Strafbarkeit von Körperverletzungen – sind hier nicht zu prüfen!)

2 Verfassungsrechtliche Grundlagen

2.1 Staatsprinzipien des Grundgesetzes

Gemäß Art. 20 Abs. 1 GG ist die Bundesrepublik Deutschland „ein demokratischer und sozialer Bundesstaat", und gemäß Art. 20 Abs. 3 GG ist die Gesetzgebung an die verfassungsmäßige Ordnung und sind die vollziehende Gewalt und die Rechtsprechung an Gesetz und Recht gebunden. Aus diesen wenigen Verfassungsnormen ergeben sich fünf Staatsprinzipien des Grundgesetzes (GG) (siehe Übersicht 9 sowie Näheres bei Wabnitz 2014a, Kap. 8.2; Hömig/Antoni 2013, Erläuterungen zu Art. 20; Kievel et. al. 2013, 2.1; Trenczek et. al. 2014, Kap. I. 2.1).

Staatsprinzipien des Grundgesetzes (GG) *Übersicht 9*

1. Republik
2. Demokratie
3. Bundesstaat
4. Rechtsstaat
5. Sozialstaat

2.1.1 Republikanisches Prinzip und Demokratieprinzip

Das republikanische Prinzip (Hömig/Antoni 2013, Art. 20 Rz. 2) wird in Art. 28 Abs. 1 Satz 1 GG sowie dadurch zum Ausdruck gebracht, dass an mehreren Stellen im Grundgesetz von „Bundesrepublik" Deutschland die Rede ist. Dies bedeutet, dass es in Deutschland mit dem Bundespräsidenten ein gewähltes Staatsoberhaupt gibt – im Gegensatz zu Monarchien mit Fürsten, Königen oder Kaisern und Thronfolgeregelungen kraft Vererbung.

Das Wort „Demokratie" kommt aus dem Griechischen und bedeutet Herrschaft des Volkes. Die Demokratie nach der Konzeption des Grundgesetzes ist gemäß Art. 20 Abs. 2 Satz 1 und 2 GG eine mittelbare parlamentarische Demokratie (Hömig/Antoni 2013, Art. 20, Rz. 3): auf der Bundesebene erfolgen Wahlen zum Deutschen Bundestag, der die Bundeskanzlerin oder den Bundeskanzler wählt und auf deren/dessen Vorschlag hin die BundesministerInnen vom Bundespräsidenten ernannt und entlassen werden. Entsprechendes gilt auf der Ebene der Länder (Wahl der Landtage, MinisterpräsidentInnen, LandesministerInnen).

2.1.2 Bundesstaatsprinzip und Rechtsstaatsprinzip

Die Bundesrepublik Deutschland ist, ähnlich wie die Republik Österreich, ein Bundesstaat (Hömig/Antoni 2013, Art. 20, Rz. 6). In Kapitel 2.2 wird dargestellt, was das Bundesstaatsprinzip konkret bedeutet.

Neben dem Bundesstaatsprinzip ist das Rechtsstaatsprinzip das älteste Staatsprinzip in Deutschland (Hömig/Antoni 2013, Art. 20 Rz. 10 ff.; Kievel et. al. 2013, 2.1.3; Trenczek et. al. 2014, I 2.2.2; Wabnitz 2014a, 8.2.4); siehe dazu Übersicht 10:

Das Rechtsstaatsprinzip bedeutet:

Übersicht 10

1. **Machtdekonzentration durch Gewaltenteilung (Art. 20 Abs. 2 Satz 2 und Abs. 3 GG) wie folgt:**
   1.1 Legislative = Gesetzgebung durch die Parlamente
   1.2 Exekutive = Regierung und Verwaltung
   1.3 Judikative = Rechtsprechung: Kontrolle der übrigen Gewalten anhand von Recht und Gesetz

2. **Sicherung des Rechtsstaates durch:**
   2.1 allgemein geltende Grundrechte (Art. 1 bis 19 GG),
   2.2 justizielle Grundrechte (Art. 101, 103, 104 GG),
   2.3 Unabhängigkeit der Gerichte und Richter (Art. 97 GG)
   2.4 Rechtsweggarantie (Art. 19 IV GG).

3. **Geltung des Verhältnismäßigkeitsgrundsatzes wie folgt:**
   3.1 Geeignetheit einer Maßnahme, um Zweck zu erreichen?
   3.2 Erforderlichkeit einer Maßnahme, um Zweck zu erreichen? (Oder gibt es ein „milderes Mittel"?)

> 3.3 Angemessenheit der Nachteile zum erstrebten Vorteil? (Abwägung unter Gewichtung von Nachteilen und Vorteilen.)

2.1.3 Sozialstaatsprinzip

Eines der jüngeren Staatsprinzipien ist schließlich das Sozialstaatsprinzip, das in Art. 20 Abs. 1 sowie Art. 28 Abs. 1 Satz 1 GG seinen Ausdruck gefunden hat, wenn auch nur in jeweils einem einzigen Wort: „sozialer" (Bundesstaat) bzw. „sozialen" (Rechtsstaates) (Hömig/Antoni 2013, Art. 20, Rz. 4; Kievel et. al. 2013, 2.1.5; Trenczek et. al. 2014, I 2.2.3; Wabnitz 2014a, 8.2.5). Zum Sozialstaatsprinzip siehe Übersicht 11:

Sozialstaatsprinzip (Art. 20 Abs. 1, Art. 28 Abs. 1 Satz 1 GG) *Übersicht 11*

1. **Der Staat ist zur Herstellung und Erhaltung von sozialer Gerechtigkeit und sozialer Sicherheit verpflichtet, und zwar u. a. wie folgt:**
   1.1 Legislative:
     1.1.1 Schaffung eines sozialen Mindeststandards
     1.1.2 Gewährleistung des Existenzminimums
   1.2 Exekutive:
     1.2.1 bei Ermessen: Wahl der sozial gerechteren Maßnahme
     1.2.2 Legitimation für Leistungen in Notfällen
   1.3 Judikative: Wahl der sozial gerechteren Alternative

2. **Das Sozialstaatsprinzip stellt eine „Generalklausel" dar, die durch den Gesetzgeber konkretisiert werden muss (Ansätze dazu bereits im GG: Art. 6 Abs. 4, 9 Abs. 3, 14 Abs. 2, 15 GG).**

3. **Das Sozialstaatsprinzip wird konkretisiert in verschiedenen Politikbereichen, z. B. in der:**
   3.1 Sozialpolitik
   3.2 Bildungspolitik
   3.3 Gesundheitspolitik
   3.4 Wohnungspolitik
   3.5 Familienpolitik
   3.6 Arbeitsmarkt- und Wirtschaftspolitik

Die wichtigste Konkretisierung des Sozialstaatsprinzips ist durch das Sozialgesetzbuch (SGB) erfolgt (Kap. 4.1). Zum Sozialstaatsprinzip existiert eine umfangreiche Rechtsprechung des Bundesverfassungsgerichts (z. B. BVerfGE 1, 105; 5, 198; 10, 370; 22, 204; 35, 235 f.; 52, 346; 82, 85; 94, 263; 100, 284; 110, 445; 123, 363).

2.2 Bildungsrecht und Föderalismus

2.2.1 Bund und Länder im deutschen Föderalismus

In Übersicht 12 wird dargestellt, was das Bundesstaatsprinzip (Näheres bei Hömig/Antoni 2013, Art. 20, Rz. 6; Kievel et. al. 2013, 2.1.5; Trenczek et. al. 2014, I 2.2.3; Wabnitz 2014a, 8.2.5) bedeutet:

Bundesstaatsprinzip

Übersicht 12

1. **Begriff:** Ein Bundesstaat ist ein Gesamtstaat, bei dem die Ausübung der Staatsgewalt auf einen Zentralstaat (Bund) und mehrere Gliedstaaten (16 Länder) aufgeteilt ist.
2. **Aufgabenverteilung zwischen Bund und Ländern:**
2.1 Grundprinzip (Art. 30 GG): Grundsätzlich sind die Länder für die Erfüllung der staatlichen Aufgaben zuständig, soweit das GG keine andere Regelung trifft oder zulässt.
2.2 Zuständigkeitszuweisungen im Einzelnen:
   2.2.1 durch Spezialregelungen, z. B. Art. 32 GG (Auswärtige Beziehungen: Bund) oder Art. 104a ff. GG (Finanzwesen: Bund),
   2.2.2 oder nach Staatsfunktionen:
   – Art. 70 ff. GG: Gesetzgebung (überwiegend Bund)
   – Art. 83 ff. GG: Verwaltung (überwiegend Länder),
   – Art. 92 ff. GG: Rechtsprechung (überwiegend Länder).

Das – historisch gewachsene – Bundesstaatsprinzip ist für die Staatspraxis der Bundesrepublik Deutschland von herausragender Bedeutung, da alle Staatsgewalten bzw. Zuständigkeiten entweder auf den Gesamtstaat Bundesrepublik Deutschland oder auf die 16 Bundesländer als Gliedstaaten aufgeteilt sind.

2.2.2 Kompetenzen im Schulrecht

Da das Grundgesetz dem Bund im Bereich des Schulwesens und des Schulrechts keine Kompetenzen zuweist, ist dieser wichtige Aufgabenbereich heute fast der einzige, den die Länder alleine gestalten können, sowohl was die Gesetzgebung und die Verwaltung als auch die immer wieder heftig umstrittene Schulpolitik anbelangt. Und dementsprechend unterschiedlich sind Schulrecht und Schulorganisation in den 16 Bundesländern ausgestaltet, vielfach zum Leidwesen von Schülern und Eltern, die in ein anderes Bundesland umziehen, wo „vieles ganz anders ist" (Kap. 9 und 10).

2.2.3 Kompetenzen im Sozial- und Hochschulrecht

Völlig anderes stellt sich die Situation im Bereich des Sozialrechts dar. Dieses ist heute fast ausschließlich durch Bundesgesetze geregelt (Kap. 4 bis 8, 10 und 11); dies vor allem deshalb, damit alle Bürgerinnen und Bürger im gesamten Bundesgebiet dieselben Sozialleistungen erhalten können. Die Länder haben hier nur geringe legislative Gestaltungsspielräume im Bereich von Landesausführungsrecht zum Bundesrecht. Die Verwaltung obliegt teilweise Sozialversicherungsträgern auf Bundes- und Landesebene, teilweise Landes- oder Kommunalverwaltungen.

Im Bereich des Hochschulrechtes wiederum überwiegen Landeskompetenzen: sowohl im Bereich der Hochschulgesetzgebung als auch mit Blick auf die Organisation der Hochschulen, denen dabei wiederum grundgesetzlich geschützte Selbstverwaltungsrechte zustehen (gemäß Art. 5 Abs. 3 GG). Gesetzgebungskompetenzen des Bundes bestehen u.a. im Bereich der Ausbildungsförderung und der Beruflichen Bildung (Kap. 8 und 10) sowie der (Mit-) Finanzierung von Hochschulen, Forschung und Wissenschaft (vgl. Art. 91a ff. GG).

2.3 Wichtige Grundrechte nach dem Grundgesetz

Die Bundesrepublik Deutschland ist nicht zuletzt deshalb ein Rechtsstaat (Kap. 2.1.2), weil sie ihren Bürgerinnen und Bürgern Grundrechte gewährleistet. Die Grundrechte nach Art. 1 bis 19

GG beinhalten subjektive Rechte gegenüber dem Staat. Sie sind weitgehend Abwehrrechte, zum Teil aber auch auf Teilhabe und auf Leistungen des Staates gerichtet (Näheres zu den Grundrechten: Hömig/Antoni 2013, Vorbemerkungen zu den Grundrechten vor Art. 1 GG; Wabnitz 2014a, Kap. 8.3; Kievel et. al. 2013, 2.2; Trenczek et. al. 2014, Kap. I. 2.2). Die Übersicht 13 vermittelt einen Überblick über die einzelnen Grundrechte.

Grundrechte nach Art. 1 bis 19 GG

Übersicht 13

1. Art. 1 Abs. 1 und 2: Menschenwürde, Menschenrechte

2. Freiheitsgrundrechte
2.1 Art. 2 Abs. 1 – Freie Entfaltung der Persönlichkeit
2.2 Art. 2 Abs. 2 Satz 1 – Leben, körperliche Unversehrtheit
2.3 Art. 2 Abs. 2 Satz 2 – Freiheit der Person
2.4 Art. 4 – Glaubens-, Gewissens- und Religionsfreiheit, Kriegsdienstverweigerung
2.5 Art. 5 – Meinungs- und Pressefreiheit, Rundfunk, Film, Kunst, Wissenschaft, Forschung und Lehre
2.6 Art. 6 – Ehe, Familie
2.7 Art. 7 – Schulwesen
2.8 Art. 8 – Versammlungsfreiheit
2.9 Art. 9 – Vereinigungs- und Koalitionsfreiheit
2.10 Art. 10 – Brief- ‚Post- und Fernmeldegeheimnis
2.11 Art. 11 – Freizügigkeit
2.12 Art. 12 – Beruf
2.13 Art. 13 – Wohnung
2.14 Art. 14 – Eigentum, Erbrecht; Art. 15 – Sozialisierung
2.15 Art. 16 – Staatsbürgerschaft, Auslieferung
2.16 Art. 16a – Asyl
2.17 Art. 17 – Petition

3. Gleichheitsrechte
3.1 Art. 3 Abs. 1 – Allgemeiner Gleichheitssatz
3.2 Art. 3 Abs. 2 – Gleichberechtigung von Männern und Frauen
3.3 Art. 3 Abs. 3 – Differenzierungsverbote

2.3.1 Art. 1, 2 und 3 GG

Aufgrund der Erfahrungen mit der nationalsozialistischen Diktatur stehen an der Spitze der Grundrechtsartikel des Grundgesetzes (Art. 1 Abs. 1 Satz 1 und 2 GG) die beiden folgenden Sätze: „Die Würde des Menschen ist unantastbar. Sie zu achten und zu schützen ist Verpflichtung aller staatlichen Gewalt"; das deutsche Volk bekennt sich darum gemäß Art. 1 Abs. 2 GG „zu unverletzlichen und unveräußerlichen Menschenrechten als Grundlage jeder menschlichen Gemeinschaft, des Friedens und der Gerechtigkeit in der Welt." Das Grundgesetz sieht mithin die Menschenwürde und zudem die freie Entfaltung der Persönlichkeit als oberste Rechtswerte und tragende Konstitutionsprinzipien des GG an (BVerfGE 6, 36; 12, 53; 109, 149).

Art. 1 Abs. 1 und 2 GG ist von der Rechtsprechung insbesondere als Auslegungsmaßstab für die folgenden Grundrechtsbestimmungen und für Regelungen in Gesetzen zur Anwendung gebracht worden. In diesem Zusammenhang hat das Bundesverfassungsgericht zum Beispiel auf die Bedrohung der Menschenwürde durch moderne Entwicklungen in Wissenschaft und Technik (etwa durch Abhörgeräte, Gentechnologie, Datenspeicherung und -übermittlung) reagiert oder festgestellt, dass auch Gefangene im Strafvollzug Anspruch auf menschenwürdige Behandlung haben (BVerfGE 33, 1). Nach der Rechtsprechung des Bundesverfassungsgerichts besteht aufgrund von Art. 1 Abs. 1 GG auch ein Grundrecht auf Gewährleistung eines menschenwürdigen Existenzminimums (BVerfGE 125, 175).

Das „klassische" Freiheitsgrundrecht ist in Art. 2 Abs. 1 GG verankert: „Jeder hat das Recht auf die freie Entfaltung seiner Persönlichkeit, soweit er nicht die Rechte anderer verletzt und nicht gegen die verfassungsmäßige Ordnung oder das Sittengesetz verstößt." Die Rechtsprechung hat auf der Grundlage von Art. 2 Abs. 1 sowie Art. 1 Abs. 1 GG u. a. ein allgemeines Persönlichkeitsrecht entwickelt (dazu: Hömig/Antoni 2013, Art. 1, Rz. 10 ff.) oder ein Grundrecht des Einzelnen auf informationelle Selbstbestimmung im Bereich des Datenschutzes (BVerfGE 65, 1).

Der dritte fundamentale Verfassungsgrundsatz ist der der Gleichheit vor dem Gesetz gemäß Art. 3 Abs. 1 GG: „Alle Menschen sind vor dem Gesetz gleich." Der Gleichheitsgrundsatz hat große praktische Bedeutung u. a. in der Leistungsverwaltung, insbesondere im Sozialrecht, im Wahlrecht oder im Steuerrecht (Näheres dazu: Hömig/Antoni 2013 Art. 3, Rz. 2 ff.). Auf der Grundlage von Art. 3 Abs. 1 GG sind durch das Bundesverfassungsgericht wiederholt Regelungen einzelner Gesetze wegen Verstoßes gegen das Gleichheitsgebot für verfassungswidrig erklärt und aufgehoben worden (vgl. BVerfGE 3, 58; 18, 38; 71, 39; 81, 1; 82, 126; 84, 239; 93, 121, 165; 93, 335, 408).

Art. 3 Abs. 2 und 3 GG enthalten spezielle Gleichheitsrechte betreffend Männer und Frauen (Abs. 2) sowie Diskriminierungsverbote wegen des Geschlechtes, der Abstammung, der Rasse, der Sprache, der Heimat und Herkunft, des Glaubens, der religiösen oder politischen Anschauungen (Abs. 3). Seit Inkrafttreten des Grundgesetzes hat das Bundesverfassungsgericht zahlreiche gesetzliche Bestimmungen wegen Verstoßes insbesondere gegen den Grundsatz der Gleichberechtigung von Männern und Frauen (Art. 3 Abs. 2 Satz 1 GG) für verfassungswidrig erklärt (z.B. BVerfGE 43, 213; 84, 9; 89, 276).

2.3.2 Art. 6 und 7 GG

Für den Bereich der Bildung, der Pädagogik und der Sozialen Arbeit von besonderer Bedeutung sind Art. 6 und 7 GG. Gemäß Art. 6 Abs. 1 GG stehen Ehe und Familie unter dem besonderen Schutz der staatlichen Ordnung. Dies beinhaltet ein „Abwehrrecht" gegenüber ungerechtfertigten Eingriffen des Staates in die Privatsphäre von Ehe und Familie, aber auch eine grundsätzliche Verpflichtung des Staates, Ehe und Familie zu fördern, etwa im Steuerrecht und im Sozialrecht (Wabnitz, 2014b, Kap. 1.2).

Gemäß Art. 6 Abs. 2 Satz 1 GG sind Pflege und Erziehung der Kinder das natürliche Recht der Eltern und die „zuvörderst" – also: in erster Linie – ihnen obliegende Pflicht (dazu: BVerfGE 6, 55; 24, 119; 56, 363; 72, 122; 75, 201). Der Staat darf sich also grundsätzlich nicht in die Kindererziehung „einmischen" – es sei denn, es droht eine Gefährdung des Wohls des Kindes. Dann ist der Staat – konkret: das Familiengericht und ggf. das Jugendamt – berechtigt und ggf. sogar verpflichtet, in Ausübung des sog. „staatlichen Wächteramtes" gemäß Art. 6 Abs. 2 Satz 2 GG mit dem Ziel des Schutzes des Kindes ggf. auch in Elternrechte einzugreifen (Kap. 3.3.2 und 5.2.1 sowie bei Hömig/Antoni 2013, Art. 6, Rz. 15 ff.; Wabnitz

2014b Kap. 1.2.2; Trenczek et. al. 2014, Kap. I. 2.2.6). Allerdings gibt es gemäß Art. 6 GG kein allgemeines Erziehungsrecht des Staates im Bereich der Familie. Anders ist dies im Bereich des Schulwesens. Ab Beginn der Schulpflicht (vgl. Art. 7 Abs. 1 GG; dazu Kap. 9.1.1) stehen Bildungs- und Erziehungsrechte von Eltern und Staat aus verfassungsrechtlicher Sicht „gleichrangig" nebeneinander, und es kommt darauf an, dass sowohl Eltern als auch Schulen die Bildung von Kindern und Jugendlichen ab dem Schulalter gemeinsam auf möglichst optimale Weise gewährleisten (Hömig/Antoni 2013, Art. 6, Rz. 15). Das Bundesverfassungsgericht spricht in diesem Zusammenhang von der Notwendigkeit eines sinnvoll auf einander bezogenen Zusammenwirkens von Eltern und Schule (BVerfGE 34, 183; 47, 74; 52, 236).

2.3.3 Art. 12 GG

Von großer Bedeutung auch für die Bildung und Erziehung von jungen Menschen ist schließlich Art. 12 GG (Freiheit der Berufswahl und -ausübung). Danach haben alle Deutschen das Recht, Beruf und Arbeitsplatz sowie Ausbildungsstätte frei zu wählen (dazu: BVerfGE 7, 377; 78, 179). Allerdings unterliegt dieses Grundrecht – wie zum Teil auch andere Grundrechte – Einschränkungen durch Gesetz oder aufgrund eines Gesetzes, auch etwa im Falle von Zulassungsbeschränkungen an den Hochschulen (dazu: BVerfGE 33, 303; 39, 371; 43, 45; 85, 54; BVerwGE 56, 40; 70, 319; Hömig/Hömig 2013, Art. 12, Rz 21).

📖 Literatur

Hömig, D. (Hrsg.) (2013): Grundgesetz für die Bundesrepublik Deutschland. 10. Aufl.
Kievel, W., Knösel, P., Marx, A. (2013): Recht für soziale Berufe. Basiswissen kompakt. 7. Aufl.
Luthe, E.-W. (2003): Bildungsrecht. Leitfaden für Ausbildung, Administration und Management. Kap. B
Trenczek, T., Tammen, B., Behlert, W., Boetticher, A. von (2014): Grundzüge des Rechts. Studienbuch für soziale Berufe. 4. Aufl.
Wabnitz, R. J. (2014a): Grundkurs Recht für die Soziale Arbeit. 4. Aufl.

2.4 Fall: Bund und Länder

1. Gesundheitsminister G des Bundeslandes B ärgert sich seit langem darüber, dass das System der gesundheitlichen Versorgung in seinem Bundesland so „zersplittert" sei und es völlig unterschiedliche und nicht miteinander „verzahnte" Kompetenzen für die ambulante ärztliche Versorgung, die Krankenhäuser und die zahnärztliche Versorgung usw. gebe – und zudem auch noch eine Fülle von Krankenkassen. Dies alles sei unübersichtlich und kostentreibend. Er plant deshalb für sein Bundesland eine Zusammenführung dieser Strukturen in einem staatlichen Gesundheitsversorgungssystem.
   Wie wäre dieses Vorhaben verfassungsrechtlich zu beurteilen?
2. Zwecks „Effektivitätssteigerung" des deutschen Schulwesens plant die Bundesministerin für Bildung und Wissenschaft die Einrichtung eines Bundesschulamts auf der Grundlage eines neu zu schaffenden Bundesschulorganisationsgesetzes.
   Wie wäre dieses Vorhaben verfassungsrechtlich zu beurteilen?
3. Einmal angenommen, der Deutsche Bundestag würde ein solches „Bundesschulorganisationsgesetz" beschließen, weil es sich hier um eine „nationale" Aufgabe handele, könnte die Landesregierung des Bundeslandes X dagegen etwas unternehmen?

3 Bildungsrechtliche Aspekte des Familienrechts

Fragen der Bildung und Ausbildung von Kindern und Jugendlichen sind in zahlreichen Gesetzen des privaten und öffentlichen Rechts geregelt; zu Letzteren siehe Kap. 4 bis 11 sowie zunächst die Übersicht 14:

> **Gesetze des öffentlichen Familienrechts**
>
> 1. Bundeselterngeld- und Elternzeitgesetz (BEEG)
> 2. Einkommensteuergesetz (EStG)
> 3. Bundeskindergeldgesetz (BKGG)
> 4. Unterhaltsvorschussgesetz (UVG)
> 5. SGB VIII (Kinder- und Jugendhilfe)
> 6. Adoptionsvermittlungsgesetz
> 7. Internationale Abkommen wie die UN-Kinderrechtskonvention (UN-KRK) (Kap. 14) oder das Haager Minderjährigenschutzabkommen

Übersicht 14

Die wichtigsten privatrechtlichen Regelungen für das Eltern-Kind-Verhältnis sind im 4. Buch des BGB (Familienrecht) enthalten, insbesondere in dessen Abschnitt 2: Verwandtschaft (§§ 1589 ff. bis 1698b BGB).

3.1 Bildung im Eltern-Kind-Verhältnis

3.1.1 Allgemeine Vorschriften und Kindeswohl

Das „Kindeswohl" (und nicht etwa das „Elternwohl"!) ist der zentrale Maßstab für das Eltern-Kind-Verhältnis, die Ausübung des elterlichen Sorgerechts und ggf. mit Blick auf familiengerichtliche

Eingriffe in dieses. Das „Kindeswohlprinzip" wird in § 1697a BGB in allgemeiner Form wie folgt umschrieben: Das Familiengericht trifft „diejenige Entscheidung, die unter Berücksichtigung der tatsächlichen Gegebenheiten und Möglichkeiten sowie der berechtigten Interessen der Beteiligten dem Wohl des Kindes am besten entspricht" (Kap. 3.3.2 sowie bei Wabnitz 2014b, Kap. 10).

3.1.2 Bildung und Verwandtenunterhalt

Eltern schulden ihren Kindern Verwandtenunterhalt bei Vorliegen der Voraussetzungen der §§ 1601 ff. BGB (dies sind insbesondere: Verwandtschaftsverhältnis in gerader Linie, Bedürftigkeit des Kindes und Leistungsfähigkeit der Eltern/des jeweiligen Elternteils; Näheres bei Wabnitz 2014b, Kap. 5; Münder et al. 2013b, § 7 I).

Bestandteile des nach § 1610 Abs. 2 BGB geschuldeten Unterhalts sind auch die „Kosten einer angemessenen Vorbildung zu einem Beruf", ggf. auch bis ins Erwachsenenalter hinein. Während dieser Zeit wird Auszubildenden die Aufnahme einer eigenen Erwerbstätigkeit grundsätzlich nicht zugemutet.

Die jeweilige Ausbildung soll den Neigungen und Fähigkeiten des jungen Menschen entsprechen und zügig (vgl. BGH FamRZ 1984, 777; 1998, 671) betrieben werden (bei Berücksichtigung individueller Umstände). Eine nachhaltige Vernachlässigung des Studiums, die nicht auf Krankheit oder anderen gewichtigen Gründen beruht, führt zum Verlust des Anspruchs auf Ausbildungsfinanzierung, ebenso eine lange Verzögerung des möglichen Ausbildungsbeginns (Schwab 2014, Rz. 887, 888; BGH FamRZ 2000, 420; 2011, 1560). Ggf. ist ein Fachwechsel zu akzeptieren, wenn die begonnene und abgebrochene Ausbildung auf einer Fehleinschätzung der Begabungen und Neigungen beruhte (BGH FamRZ 1991, 322; 1993, 1057; 2000, 420). Die Ausbildung ist für eine angemessene Dauer durch die Unterhaltsverpflichteten in den Grenzen des für sie wirtschaftlich Zumutbaren zu gewährleisten. Geschuldet ist von diesen die Übernahme der Kosten einer (!) angemessenen Vorbildung zu einem Beruf.

Grundsätzlich nicht geschuldet sind darüber hinaus die Kosten einer eventuellen Zweitausbildung, mit bislang nur sehr wenigen von der Rechtsprechung anerkannten Ausnahmen (BGHZ 107, 376; NJW 1989, 2253; FamRZ 1989, 853; 1991, 322; 1992, 502;

FamRZ 1992, 1407: kein Jurastudium für Speditionskaufmann!; FuR 2006, 361; FamRZ 2001, 1601; NJW 2006, 2984 – kein Abitur-Lehre-Studium-Fall). Dazu die Übersicht 15 zur Rechtsprechung des BGH:

> **Ausbildungskosten nach § 1610 Abs. 2 BGB**
>
> 1. **Grundsatz**: geschuldet ist die Finanzierung einer Ausbildung, die mit Blick auf Begabung, Neigung und Leistungswillen angemessen ist.
>
> 2. **Ausnahme (dann: auch „Zweitausbildung"), wenn:**
>   – Ausbildungsgang Abitur-Lehre-Studium (in dieser Reihenfolge),
>   – enger sachlicher Zusammenhang (Abi, Bauzeichner, Architekturstudium) und enger zeitlicher Zusammenhang
>   – und wenn dies den Eltern wirtschaftlich zumutbar ist.
>
> 3. **Weitere Ausnahme (sehr selten), wenn:**
>   – Ausbildungsgang Realschule, Lehre, Fachoberschule, Fachhochschule
>   – und wenn bereits zu Beginn der praktischen Ausbildung erkennbar ein Studium angestrebt wurde (!)
>   – und wenn dies den Eltern wirtschaftlich zumutbar ist.
>
> *Übersicht 15*

3.1.3 Religiöse Kindererziehung

Eines der ältesten bildungsrelevanten deutschen Gesetze ist das Gesetz über die religiöse Kindererziehung vom 15.07.1921 (Reichsgesetzblatt I S. 939 – mit späteren Änderungen). Dieses Gesetz aus der Zeit der Weimarer Republik enthält Vorschriften des öffentlichen wie des privaten Rechts. Bei Minderjährigen tritt danach die „Religionsmündigkeit" wesentlich früher ein als die Volljährigkeit nach dem BGB: nach der Vollendung des 14. Lebensjahres steht dem Kinde die Entscheidung (allein) darüber zu, „zu welchem religiösen Bekenntnis es sich halten will"; hat es das 12. Lebensjahr vollendet, so kann es nicht gegen seinen Willen in einem anderen Bekenntnis als bisher erzogen werden (§ 5 des genannten Gesetzes).

3.2 Elterliche Sorge (Teil I)

3.2.1 Begriff und Erwerb der elterlichen Sorge

Elterliche Sorge ist ein Sammelbegriff für die wichtigsten privatrechtlichen Beziehungen zwischen Eltern und Kindern nach den §§ 1626 bis 1698b BGB (Wabnitz 2014b, Kap. 7 bis 10; Fröschle 2013; Heiß/Castellanos 2013; Hoffmann 2013; Völker/Clausius 2011). Die elterliche Sorge beinhaltet zugleich die wichtigsten Funktionen der elterlichen Verantwortung im Zusammenhang mit ihrem verfassungsrechtlich geschützten, Pflichten gebundenen Elternrecht nach Art. 6 Abs. 2 Satz 1 GG (Kap. 2.3.2).

Der frühere Rechtsbegriff „Elterliche Gewalt" wurde erst 1980 durch den seitdem gültigen Begriff der „elterlichen Sorge" abgelöst und 1998 mit der Einfügung partnerschaftlicher Beziehungsmerkmale in § 1626 Abs. 2 BGB in die derzeit gültige, modernen Anschauungen entsprechende Gesetzesform gebracht.

Grundtypen der elterlichen Sorge sind die **gemeinsame elterliche Sorge** durch beide Eltern und die **Alleinsorge** durch einen Elternteil.

Elterliche Sorge umfasst gemäß § 1626 Abs. 1 Satz 2 BGB die Sorge für die Person (Personensorge) und das Vermögen des Kindes (Vermögenssorge). Daran knüpft gemäß § 1629 Abs. 1 Satz 1 BGB jeweils die gesetzliche Vertretung an, sodass die elterliche Sorge die in Übersicht 16 aufgeführten Elemente beinhaltet:

> **Elterliche Sorge**
>
> - Personensorge § 1626 Abs. 1 sowie § 1629 (gesetzliche Vertretung)
> - Vermögenssorge § 1626 Abs. 1 sowie § 1629 (gesetzliche Vertretung)
>
> **Man muss also unterscheiden zwischen:**
>
> 1. Personensorge in tatsächlicher Hinsicht
> 2. Gesetzlicher Vertretung in Personensorge-Angelegenheiten
> 3. Vermögenssorge in tatsächlicher Hinsicht
> 4. Gesetzlicher Vertretung in Vermögenssorge-Angelegenheiten

Übersicht 16

Der Erwerb der elterlichen Sorge setzt zunächst voraus, dass es sich um eine Mutter bzw. einen Vater im Rechtssinne gemäß §§ 1591, 1592 Nr. 1, 2 oder 3 BGB handelt. Sodann muss einer der 5 Erwerbstatbestände der elterlichen Sorge gemäß § 1626a BGB erfüllt ist (siehe dazu Übersicht 17; Wabnitz 2014b, Kap. 7; Münder et al. 2013b, § 10 II):

> **Die fünf Erwerbstatbestände der elterlichen Sorge gemäß § 1626a BGB**
>
> 1. gemeinsame Sorge beider, bereits bei der Geburt des Kindes miteinander verheirateter Eltern; dies ergibt sich aus einem Umkehrschluss aus § 1626a Abs. 1 („Sind die Eltern nicht ...")
> 2. gemeinsame Sorge beider, nicht miteinander verheirateter Eltern aufgrund von Sorgeerklärungen beider Eltern (§ 1626a Abs. 1 Nr. 1)
> 3. gemeinsame Sorge beider Eltern ab dem Zeitpunkt der Heirat nach der Geburt des Kindes (§ 1626a Abs. 1 Nr. 2)
> 4. gemeinsame Sorge beider Eltern aufgrund einer Entscheidung des Familiengerichts (§ 1626a Abs. 1 Nr. 3)
> 5. alleinige Sorge der Mutter (§ 1626a Abs. 3: „Im Übrigen")

Übersicht 17

Haben beide Eltern die gemeinsame Sorge oder hat ein Elternteil die Alleinsorge inne, so ändert sich daran auch aufgrund einer

Trennung oder Scheidung grundsätzlich nichts, es sei denn, einem Antrag eines Elternteils auf Übertragung der Alleinsorge wird durch das Familiengericht stattgegeben (siehe die differenzierten Regelungen des § 1671 BGB; Wabnitz 2014b, Kap. 9; Münder et al. 2013b, § 13).

3.2.2 Inhalte und Ausübung der elterlichen Sorge

Die Personensorge betrifft umfassend alle Erziehungs-, Bildungs- und Betreuungsaufgaben, die sich auf die Person (und nicht auf das Vermögen) des Kindes beziehen. Die Vermögenssorge ist die Sorge für das Vermögen des Kindes mit dem Ziel der Erhaltung, Vermehrung oder gegebenenfalls wirtschaftlichen Verwertung desselben (vgl. §§ 1638 bis 1649 BGB) (zur Personensorge siehe die Übersicht 18; Wabnitz 2014b, Kap. 7):

Personensorge (insbesondere nach §§ 1631 ff. BGB)
Wesentliche Inhalte:

Übersicht 18

1. Erziehung und Pflege (§ 1631, § 1633)
2. Namensgebung (§§ 1616 ff.)
3. Beaufsichtigung, Aufenthaltsbestimmung, Verlangen der Herausgabe des Kindes (§ 1631, § 1632)
4. Persönlicher Umgang (§§ 1626 Abs. 3, 1684, 1685)
5. Ausbildung und Beruf (§ 1631a)
6. Ausnahmsweise: Unterbringung mit Freiheitsentziehung (§ 1631b)
7. Gesundheit (§ 1631, § 1631c, § 1631d)
8. Zustimmung zur Eheschließung (§ 1303 Abs. 3)

Haben die Eltern die elterliche Sorge gemeinsam inne, so üben sie diese auch gemeinsam aus, und zwar gemäß § 1627 Satz 1 BGB in eigener Verantwortung und in gegenseitigem Einvernehmen zum Wohl des Kindes. Bei Meinungsverschiedenheiten müssen sie versuchen, sich zu einigen (Satz 2). Können sich die Eltern in einer einzelnen Angelegenheit oder in einer bestimmten Art von Angelegenheiten der elterlichen Sorge für das Kind nicht einigen, so kann das Familiengericht auf Antrag eines Elternteils die Entscheidung einem Elternteil übertragen – also im Ergebnis faktisch entscheiden (§ 1628 Satz 1 BGB); dies allerdings nur bei Angelegenheiten „von erheblicher Bedeutung", wie z. B. die Entscheidung über den Besuch einer weiterführenden Schule, die Verlegung des Wohnsitzes an einen entfernten Ort oder die Berufswahl etc.

3.2.3 Bildung und elterliche Sorge

Die Wahrnehmung der Verantwortung für die Bildung ihrer Kinder gehört zum Kernbereich der elterlichen Sorge. Eltern müssen unter anderem dafür sorgen, dass die Schulpflicht der Kinder erfüllt wird (Kap. 9.1), dass sie auch mit Blick auf Bildungsangelegenheiten ihre Unterhaltsverpflichtungen nach §§ 1601 ff., 1610 BGB erfüllen (Kap. 3.1.2) und gemäß § 1631a BGB in Angelegenheiten von Ausbildung und Beruf auf die Eignung und Neigung ihres Kindes Rücksicht nehmen und dabei im Zweifel den Rat von Lehrern oder anderen geeigneten Personen einholen.

3.3 Elterliche Sorge (Teil II)

3.3.1 Gesetzliche Vertretung

Gemäß § 1629 Abs. 1 Satz 1 BGB umfasst die elterliche Sorge die gesetzliche Vertretung des Kindes (Kap. 3.2.1). Minderjährige benötigen für die Vornahme wirksamer rechtsgeschäftlicher Handlungen – insbesondere zum Abschluss von Verträgen – grundsätzlich einen gesetzlichen Vertreter. Das gilt ausnahmslos für das geschäftsunfähige Kind (§ 104 Nr. 1 BGB), das das siebente Lebensjahr noch nicht vollendet hat, und zumeist auch für beschränkt geschäftsfähige Minderjährige im Alter von sieben bis unter 18 Jahren (§§ 106, 107 BGB – mit wenigen Ausnahmen nach §§ 110 bis 113 BGB); Wabnitz 2014b, Kap. 8; Münder et al. 2013b, § 10 IV).

Die gesetzliche Vertretung des Kindes wird grundsätzlich von der elterlichen Sorge (sowohl von der Personen- als auch der Vermögenssorge) mit umfasst (§ 1629 Abs. 1 Satz 1 BGB). Die gesetzliche Vertretungsmacht korrespondiert also grundsätzlich mit dem Sorgerecht beider Eltern bzw. der/des allein Sorgeberechtigten (siehe Übersicht 19):

> **Gesetzliche Vertretung des Kindes (§ 1629 BGB)**
>
> 1. **Bei gemeinsamer elterlicher Sorge** vertreten beide Eltern das Kind gemeinschaftlich (§ 1629 Abs. 1 Satz 2, 1. Halbsatz). Beim Abschluss von Verträgen müssen deshalb grundsätzlich beide Eltern zustimmen. **Ausnahmen:**
> 1.1 bei Entscheidungsübertragung auf einen Elternteil nach § 1628 bei Nichteinigung der Eltern (§ 1629 Abs. 1 Satz 3),
> 1.2 bei Gefahr im Verzug (§ 1629 Abs. 1 Satz 4), z. B. bei dringend notwendig werdender Operation,
> 1.3 bei Unterhaltsfragen (vgl. § 1629 Abs. 2 Satz 2, Abs. 3); diese Sonderregelung soll Gefährdungen des Kindesunterhalts vorbeugen.
> 2. **Bei Alleinsorge** vertritt derjenige Elternteil das Kind, der die elterliche Sorge allein ausübt (§ 1629 Abs. 1 Satz 3).

Übersicht 19

Obwohl die gesetzliche Vertretung des/der Sorgeberechtigten bei Vorliegen der oben dargestellten Voraussetzungen (und bis zur Vollendung des 18. Lebensjahres der/des Minderjährigen) grundsätzlich unbeschränkt ist, gibt es von diesem Grundsatz jedoch eine Reihe von Ausnahmen in Form von gesetzlichen Beschränkungen, Modifizierungen und Ausschlussgründen; siehe dazu Übersicht 20 (Wabnitz 2014b, Kap. 8.2):

> **Grenzen der gesetzlichen Vertretung aufgrund von Sonderbestimmungen des BGB**
>
> 1. §§ 110, 112, 113 (Kind ist „teil-selbstständig")
> 2. § 1630 (bei Bestellung eines Pflegers)
> 3. §§ 181, 1629 Abs. 2 Satz 1, 1795 (keine gesetzliche Vertretung des Kindes bei bestimmten Fällen möglicher Interessenkollision)
> 4. § 1643 i.V.m. §§ 1821, 1822 (Genehmigung des Familiengerichts erforderlich)

Übersicht 20

3.3.2 Eltern, Kinder und Familiengericht

Gemäß Art. 6 Abs. 2 Satz 2 GG „wacht" die staatliche Gemeinschaft über das Wohl von Kindern und Jugendlichen („staatliches Wächteramt"; Kap. 2.3 sowie Wabnitz 2014b, Kap. 1.2 und 10). Der Staat muss also einschreiten, wenn das Wohl von Kindern und Jugendlichen gefährdet ist.

Insoweit zuständige Stellen sind für vorläufige Maßnahmen zum Schutz von Kindern und Jugendlichen das Jugendamt nach §§ 8a, 42 SGB VIII und für Eingriffe in das elterliche Sorgerecht das (unabhängige) Familiengericht (als Teil des Amtsgerichts). Maßnahmen des Familiengerichts sind geboten, wenn die Voraussetzungen des § 1666 Abs. 1 BGB erfüllt sind, wobei von jeder der in der folgenden Übersicht genannten beiden Gruppen von Tatbestandsmerkmalen zumindest jeweils ein Merkmal erfüllt sein muss (siehe Übersicht 21; Wabnitz 2014b, Kap. 10.1).

Voraussetzungen für Maßnahmen des Familiengerichts nach § 1666 Abs. 1 BGB

Übersicht 21

1. Es liegt vor
1.1 eine konkrete Gefährdung des Kindeswohls, und zwar entweder des
   – körperlichen,
   – geistigen oder
   – seelischen Wohls des Kindes,
1.2 oder seines Vermögens.

2. Zugleich sind die Eltern
2.1 nicht gewillt oder
2.2 nicht in der Lage, die Gefahr abzuwenden (z. B. durch Zustimmung zu Maßnahmen nach §§ 27 ff. SGB VIII/Kinder- und Jugendhilfe).

Das Familiengericht muss (!) hier also bei Vorliegen der genannten Voraussetzungen tätig werden und die im Einzelfall jeweils gebotene Anordnung treffen. Dabei kommt – gerade auch mit Blick auf Bildungsfragen oder die Vernachlässigung der Schulpflicht – ein breites Spektrum von Maßnahmen in Betracht, insbesondere nach § 1666 Abs. 3 Nr. 2 oder 6; Wabnitz 2014b, 10.2; Münder et al. 2013b, § 12. III). Eine Trennung des Kindes von seinen Eltern ist gemäß Art. 6 Abs. 3 GG nur zulässig, „wenn die Erziehungsberechtigten versagen oder wenn das Kind aus anderen Gründen zu verwahrlosen droht". Dabei müssen das Fehlverhalten der Eltern und die Kindeswohlgefährdung ein solches Ausmaß erreichen, dass bereits ein Schaden des Kindes eingetreten ist oder eine Gefahr gegenwärtig in einem solchen Maße besteht, dass sich bei einer weiteren Entwicklung eine erhebliche Schädigung mit ziemlicher Sicherheit voraussehen lässt (BVerfG E 19, 295, 301; ZKJ 2014, 281, 282).

3.3.3 Umgangsrechte

Umgang bedeutet: Recht und Pflicht, mit dem Kind zusammen zu sein, mit ihm Zeit zu verbringen etc. Das Umgangsrecht ist regelmäßig Bestandteil des elterlichen Sorgerechts. Bereits in § 1626 Abs. 3 BGB hat der Gesetzgeber die besondere Bedeutung des Umgangs mit beiden Eltern in allgemeiner Form unterstrichen und in § 1684 BGB näher geregelt.

Das Umgangsrecht kann jedoch auch Eltern zustehen, die nicht Inhaber des Sorgerechtes sind, und darüber hinaus gegebenenfalls weiteren Bezugspersonen gemäß §§ 1685 und 1686a BGB (Wabnitz 2014b, Kap. 7.4; Münder et al. 2013b, § 14).

Literatur

Dettenborn, H. (2014): Kindeswohl und Kindeswille. Psychologische und rechtliche Aspekte. 4. Aufl.
Fröschle, T. (2013): Sorge und Umgang – Elternverantwortung in der Rechtspraxis
Heiß, H., Castellanos, H. A. (2013): Die gemeinsame Sorge und das Kindeswohl
Hoffmann, B. (2013): Personensorge. 2. Aufl.
Löhnig, M. (2010): Das Recht des Kindes nicht verheirateter Eltern. 3. Aufl.
Münder, J., Ernst, R., Behlert, W. (2013b): Familienrecht. Eine sozialwissenschaftlich orientierte Darstellung. 7. Aufl.
Prenzlow, R. (2013): Handbuch Elterliche Sorge und Umgang
Schleicher, H. (2014): Jugend- und Familienrecht. Ein Studienbuch. 14. Aufl.
Schwab, D. (2014): Familienrecht. 22. Aufl.
Völker, M., Clausius, M. (2011): Sorge- und Umgangsrecht
Wabnitz, R. J. (2014b): Grundkurs Familienrecht für die soziale Arbeit. 4. Aufl.

3.4 Fall: Eltern und Kinder in der Ausbildung

1. Vater V und Mutter M sind verheiratet und haben zwei Kinder: den zehnjährigen Sohn S und die 14-jährige Tochter T. S besucht die vierte Grundschulklasse und hat in der letzten Zeit mehrfach die Note „mangelhaft" in Deutsch und Mathematik erhalten. V und M machen sich deshalb Sorgen, weil S im nächsten Jahr auf das Gymnasium wechseln soll. Sie „verhängen" deshalb eine mehrtägige „Ausgangssperre" für S, weil er jetzt intensiver als bislang für die nächsten Klassenarbeiten lernen soll. Ist dies zulässig?
2. In der Folgezeit werden die Schulleistungen von S wieder besser und bewegen sich jetzt zumeist zwischen den Noten gut und befriedigend. Nunmehr streiten V und M darüber, ob das Gymnasium wirklich für S die geeignete Schulart ist oder ob es mit Blick auf die praktischen Begabungen von S nicht besser die Realschule sei, wie M meint. Was jetzt?
3. Zusatzfrage: Wie wäre es, wenn V und M geschieden wären und S jetzt bei M lebt, während V in eine 200 km entfernte Stadt gezogen wäre?
4. V und M verlangen von T, die die achte Klasse des Gymnasiums besucht, dass sie täglich eine halbe Stunde im Haushalt mithilft (Geschirr abräumen und spülen, fegen, Rasen mähen etc.). T meint, dass sie als Schülerin dazu nicht verpflichtet sei und zudem regelmäßig Hausaufgaben zu erledigen habe. Wie ist die Rechtslage?
5. T hat jetzt das Abitur bestanden und absolviert eine Banklehre. Nachdem sie auch diese erfolgreich beendet hat, möchte sie noch ein Jurastudium anschließen und von ihren Eltern finanziert bekommen. Diese weigern sich jedoch, weil sie schon genug für T getan hätten und auch noch durch S finanziell belastet seien. Wird T ihren Wunsch durchsetzen können?

4 Bildungsrecht in den Büchern des Sozialgesetzbuchs (SGB)

4.1 Bildungsrelevante Inhalte der Bücher des SGB

4.1.1 Die Bücher des SGB

Ziel des Sozialgesetzbuchs ist gemäß § 1 Abs. 1 Satz 1 SGB I die „Verwirklichung sozialer Gerechtigkeit und sozialer Sicherheit" (Kokemoor 2014, 1. Kap. I 2). Zugleich soll das Recht des Sozialgesetzbuchs gemäß § 1 Abs. 2 SGB I dazu beitragen, dass die zur Erfüllung der sozialen Aufgaben erforderlichen sozialen Dienste und Einrichtungen rechtzeitig und ausreichend zur Verfügung stehen. Außerhalb der 12 Bücher des SGB gibt es noch weitere Sozialgesetze des Bundes, die noch nicht in das SGB eingeordnet worden sind, u. a. das Bundesausbildungsförderungsgesetz (BAföG, Kap. 8) und das soziale Versorgungsrecht (Wabnitz in ISS 2011, Kap. 3.4).

Das SGB I (Allgemeiner Teil) – in Kraft getreten am 01.01.1976 – enthält generelle Regelungen, die gleichsam „vor die Klammer gezogen sind" und für alle weiteren besonderen Teile des SGB, nämlich die Bücher II bis IX sowie XI und XII, gleichermaßen gelten, sofern dort nicht speziellere und damit vorrangig geltende Regelungen getroffen worden sind. Entsprechendes gilt für das 1981/1983 in Kraft getretene SGB X (Sozialverwaltungsverfahren und Sozialdatenschutz; Kap. 4.2). Das am 01.01.1977 in Kraft getretene SGB IV („Gemeinsame Vorschriften für die Sozialversicherung") enthält weitere allgemeine Vorschriften für die fünf ‚Säulen' der Sozialversicherung nach den Büchern III, V, VI, VII und XI (Kap. 4.1.3)

4.1.2 Die Gesetze der Fürsorge und Förderung

SGB VIII (Kinder- und Jugendhilfe): Dieses in den neuen Bundesländern am 03.10.1990 und in den alten Bundesländern am 01.01.1991 in Kraft getretene Gesetz enthält zahlreiche Bildungsleistungen für junge Menschen, die in den Kap. 5 bis 7 besonders ausführlich dargestellt werden.

SGB II (Grundsicherung für Arbeitsuchende): Das am 01.01.2005 in Kraft getretene SGB II enthält u. a. Leistungen der Grundsicherung für Arbeitsuchende (im Volksmund: „Hartz IV") sowie Leistungen für Bildung und Teilhabe junger Menschen (Kap. 8.3).

SGB IX (Rehabilitation und Teilhabe behinderter Menschen): Dieses am 01.07.2001 in Kraft getretene Gesetz enthält in seinem ersten Teil allgemeine Regelungen u. a. über die Ausführung von Leistungen zur Teilhabe am Leben in der Gemeinschaft (Kap. 11). Der zweite Teil des SGB IX enthält besondere Regelungen für schwerbehinderte Menschen (Schwerbehindertenrecht).

SGB XII (Sozialhilfe): Leistungsberechtigt sind bei Hilfebedürftigkeit grundsätzlich alle Personen, die nicht unter das SGB II (siehe dazu unter SGB II) fallen und für die keine vorrangigen Leistungen nach den „spezielleren" Büchern SGB III, V, VI, VII, VIII, IX oder XI beansprucht werden können. Diese Personen erhalten Hilfe zum Lebensunterhalt nach dem SGB XII – als nachrangige Leistung und gleichsam „unterstes Netz" der sozialen Sicherung. Wie das SGB II enthält auch das SGB XII Leistungen zur Bildung und Teilhabe junger Menschen (Kap. 8.3).

4.1.3 Die Gesetze der (Sozial-)Versicherung

Das unter bildungsrechtlichen Gesichtspunkten wichtigste Gesetz der Sozialversicherung ist das am 01.01.1998 in Kraft getretene SGB III (Arbeitsförderung) mit zahlreichen Vorschriften zur aktiven Arbeitsmarktförderung und über Sozialleistungen, zum Beispiel bei Arbeitslosigkeit. Außerdem enthält es eine Reihe von bildungsrelevanten Leistungen etwa zur Berufsvorbereitung, Berufsausbildung, beruflichen Weiterbildung u. a. (Kap. 10).

Unter bildungsrechtlichen Aspekten nicht von besonderer Bedeutung sind die folgenden weiteren Gesetze der Sozialversicherung: SGB V (Gesetzliche Krankenversicherung, SGB VI

(Gesetzliche Rentenversicherung), SGB VII (Gesetzliche Unfallversicherung) sowie SGB XI (Soziale Pflegeversicherung).

4.2 Verwaltungsverfahren: Verwaltungsakt und öffentlich-rechtlicher Vertrag

4.2.1 Der Verwaltungsakt

Der Verwaltungsakt (Wabnitz 2014a, Kap. 11; Kievel et. al. 2013, 17.3.3; Kookemoor 2014, Kap. II. 2. c; Papenheim et. al. 2013, Kap. J; Trenczek et. al. 2014, III.1.3.1) ist die zentrale Handlungsform von Behörden bzw. Trägern hoheitlicher Verwaltung. Verwaltungsakte (VA'e) werden zumeist als „Bescheid" bezeichnet. Für das Bildungsrecht in § 35 Satz 1 des Verwaltungsverfahrensgesetzes (VwVfG) bzw. wortgleich in § 31 Satz 1 SGB X für das Sozialrecht wird der Verwaltungsakt (VA) wie folgt definiert: „Verwaltungsakt ist jede Verfügung, Entscheidung oder andere hoheitliche Maßnahme, die eine Behörde zur Regelung eines Einzelfalles auf dem Gebiet des öffentlichen Rechts trifft und die auf unmittelbare Rechtswirkung nach außen gerichtet ist." Der Begriff des Verwaltungsaktes umfasst also fünf Elemente (siehe Übersicht 22):

> **Begriff des Verwaltungsaktes**
>
> **Ein Verwaltungsakt (VA) ist:**
>
> 1. **Jede Verfügung, Entscheidung oder andere hoheitliche Maßnahme, die eine Behörde** (z.B. eine Schule, Hochschule, eine Schulaufsichtsbehörde, ein Jugendamt, ein Amt für Ausbildungsförderung)
>
> 2. **auf dem Gebiet des öffentlichen Rechts** (also: auch des Bildungs- und Sozialrechts)
>
> 3. **zur Regelung** (also als definitive Entscheidung: in Form einer Bewilligung oder Ablehnung einer Leistung, Rechtsgewährung, eines Verbotes, eines Gebotes, einer Rechtsfeststellung)
>
> 4. **eines Einzelfalls trifft und die**
>
> 5. **auf unmittelbare Rechtswirkung nach außen gerichtet ist** (also nicht nur innerhalb der Behörde Wirkung entfaltet).

Ein begünstigender Verwaltungsakt, mit dem eine beantragte Leistung bewilligt wird, kann vereinfacht wie folgt aussehen (Abb. 1):

Agentur für Arbeit

Postfach
PLZ X-Stadt

Aktenzeichen XYZ-10/812

Ort, den 20.09.20XY

Herrn A. B.
Musterstr. 10
PLZ Musterstadt

Bescheid über die Bewilligung einer Berufsausbildungsbeihilfe nach §§ 56 ff. SGB III – Ihr Antrag vom 04.09.20XY

Sehr geehrter Herr B.,
aufgrund Ihres Antrages vom 04.09.20XY wird Ihnen hiermit ab dem 01.10.20XY Berufsausbildungsbeihilfe gemäß §§ 56 ff. SGB III bewilligt.

Begründung: ... (Die gesetzlichen Voraussetzungen für
einen Anspruch haben vorgelegen).

Mit freundlichen Grüßen
(Unterschrift)

Rechtsbehelfsbelehrung: Gegen diesen Bescheid können Sie innerhalb eines Monats ab Zustellung bei der Agentur für Arbeit, Postfach, PLZ X-Stadt, schriftlich oder zur Niederschrift Widerspruch einlegen.

Abb. 1: Muster Bewilligungsbescheid

Mit einem ablehnenden Bescheid würde zum Beispiel eine begehrte Leistung abgelehnt (wiederum: Text, Rechtsgrundlage, Begründung, Rechtsbehelfsbelehrung).

4.2.2 Bestandskraft und Aufhebung des Verwaltungsakts

Nicht nur rechtmäßige, sondern auch rechtswidrige (!) Verwaltungsakte sind grundsätzlich wirksam und bestandskräftig (Wabnitz 2014a, Kap. 11.1.3; Papenheim et. al. 2013, Kap. J, 7.1 ff.; Kievel et. al. 2013, 17.4; Kookemoor 2014, Kap. II. 2.c; Trenczek et. al. 2014, III. 1.3.1.2 ff.). Dazu Übersicht 23:

Bestandskraft von Verwaltungsakten (VA'en) *Übersicht 23*

1. **Grundsatz:** Bestandskraft; rechtmäßige und rechtswidrige (!) VA'e sind und bleiben wirksam und verbindlich (§ 43 Abs. 2 VwVfG; § 39 Abs. 2 SGB X).

2. **Ausnahmen:** Keine Bestandskraft von VA'en bei:
2.1 Nichtigkeit (selten!): wenn VA an einem besonders schweren Fehler leidet (§ 44 VwVfG; § 40 SGB X). Dann: Unwirksamkeit des VA (§ 43 Abs. 3 VwVfG; § 39 Abs. 3 SGB X);
2.2 Aufhebung des VA durch die Behörde selbst (gemäß §§ 48 ff. VwVfG bzw. §§ 44 ff. SGB X);
2.3 Aufhebung des VA nach Erhebung von Widerspruch/gerichtlicher Klage durch Entscheidung von Widerspruchsbehörde bzw. Gericht. Zumeist wird man nur auf diese Weise die Bestandskraft eines VA beseitigen können.

4.2.3 Öffentlich-rechtlicher Vertrag

Anstelle des Erlasses eines Verwaltungsakts kann gemäß § 54 VwVfG bzw. § 53 Abs. 1 SGB X unter bestimmten Voraussetzungen auch ein öffentlich-rechtlicher Vertrag geschlossen werden (Wabnitz 2014a, Kap. 11.2; Papenheim et. al. 2013, Kap. J, 8; Trenczek et. al. 2014, III.1.3.2).

4.3 Widerspruchsverfahren und gerichtliche Verfahren

4.3.1 Das Widerspruchsverfahren

Der wichtigste Rechtsbehelf gegen Verwaltungsakte ist der Widerspruch (§§ 78 ff. SGG bzw. §§ 68 ff. VwGO). In der Abbildung 2 wird ein Beispiel für die Einlegung eines Widerspruchs gegen einen VA dargestellt:

Hermann Meyer
Musterstr. 1
PLZ Musterstadt   den, 05.11.20XY

An die Agentur für Arbeit
Postfach
PLZ Musterstadt

Betr. Berufsausbildungsbeihilfe – Ihr ablehnender Bescheid vom 20.10.20XY – Az. I.05/1028

Widerspruch

Sehr geehrte Damen und Herren,

hiermit lege ich gegen Ihren o. g. Bescheid, mit dem Sie meinen Antrag auf Berufsausbildungsbeihilfe abgelehnt haben, form- und fristgerecht Widerspruch ein.

Ich habe Anspruch auf Berufsausbildungsbeihilfe nach §§ 56 ff. SGB III, weil die Berufsausbildung förderungsfähig ist, ich zum förderungsfähigen Personenkreis gehöre und auch die sonstigen persönlichen Voraussetzungen für eine Förderung erfülle und mir die erforderlichen Mittel nicht anderweitig zur Verfügung stehen. Ich beantrage deshalb, Ihren o. g. Bescheid aufzuheben und die Berufsausbildungsbeihilfe nunmehr für die Zeit ab ... (Datum) zu bewilligen. (Es folgt eine nähere Begründung mit Nachweisen.)

Mit freundlichen Grüßen
(Hermann Meyer)

Abb. 2: Muster Einlegung eines Widerspruchs

4.3.2 Insbesondere: Zulässigkeit und Begründetheit

Das Widerspruchsverfahren führt zum Erfolg, wenn der Widerspruch „zulässig" und sodann „begründet" ist (Wabnitz 2014a, Kap. 12.2; Papenheim et. al. 2013, Kap. N 3; Trenczek et. al. 2014, I 5.2.2). Zulässigkeit des Widerspruchs bedeutet, dass das Widerspruchsverfahren als solches formal statthaft ist, dass also bestimmte formale Voraussetzungen erfüllt sind. Begründetheit heißt, dass der Widerspruch in der Sache – gemessen an den Vorschriften des materiellen Rechts – Erfolg hat, weil der Verwaltungsakt rechtswidrig oder zweckwidrig war. Dazu Übersicht 24:

Widerspruchsverfahren

Übersicht 24

1. **Zulässigkeit des Widerspruchs**
1.1 Die angefochtene/begehrte Maßnahme ist ein VA.
1.2 Es muss eine „Beschwer" des Widerspruchsführers (selbst) vorliegen: dieser muss möglicherweise in seinen (eigenen!) Rechten verletzt sein,
    1.2.1 weil der VA rechtswidrig sei und subjektive Rechte des Widerspruchsführers beeinträchtigt seien, oder
    1.2.2 weil der VA zweckwidrig sei, z. B. weil Ermessensspielräume nicht genutzt worden sind.
1.3 Die Erhebung des Widerspruchs muss erfolgen in Schriftform oder zur Niederschrift der Behörde
1.4 sowie fristgerecht(!), und zwar
    1.4.1 innerhalb eines Monats, wenn eine Rechtsbehelfsbelehrung vorhanden war,
    1.4.2 oder innerhalb eines Jahres (bei VA ohne Rechtsbehelfsbelehrung).
1.5 Die Erhebung des Widerspruchs muss bei der zuständigen Behörde erfolgen, in der Regel der Behörde, die den VA erlassen hat.

2. **Begründetheit des Widerspruchs**
2.1 Der Widerspruch ist begründet und hat in der Sache Erfolg, wenn er
    2.1.1 zulässig ist (siehe 1.) und
    2.1.2 der VA wegen Verstoßes gegen materielles Recht rechtswidrig oder unzweckmäßig ist.
2.2 Die Entscheidung darüber und zugleich darüber, ob der VA aufzuheben bzw. der begehrte VA zu erlassen ist, trifft
    2.2.1 die „Ausgangsbehörde", die den VA erlassen hat (sog. „Abhilfe" des Widerspruchs),

> 2.2.2 oder, falls keine „Abhilfe" erfolgt, die Widerspruchsbehörde; dies ist zumeist entweder eine andere Behörde oder eine andere Stelle desselben Leistungsträgers.

4.3.3 Gerichtliche Verfahren im Bildungs- und Sozialrecht

Hat der Widerspruch nicht zum Erfolg geführt, kann „im nächsten Schritt" Klage vor dem Sozialgericht oder dem Verwaltungsgericht erhoben werden (Kap. 1.3; Wabnitz 2014a, Kap. 12.3; Kievel et. al. 2013, 22; Papenheim et. al. 2013 , Kap. N 5; Trenczek et. al. 2014, I 5.2.3), je nachdem, um welche rechtliche Materie es sich handelt (dazu die Übersicht 25):

Zuständigkeiten der Sozial- und Verwaltungsgerichte im Sozial- und Bildungsrecht

Übersicht 25

1. Die Sozialgerichte entscheiden aufgrund des Sozialgerichtsgesetzes (SGG) insbesondere in Streitigkeiten über (vgl. § 51 SGG)

1.1 Grundsicherung
1.2 Arbeitsförderung
1.3 Krankenversicherung
1.4 Rentenversicherung
1.5 Unfallversicherung
1.6 Pflegeversicherung
1.7 Soziales Entschädigungsrecht (überwiegend)
1.8 Kindergeld (soweit Familienkasse zuständig)
1.9 Elterngeld und -zeit
1.10 Sozialhilfe
1.11 Leistungen nach dem Asylbewerberleistungsgesetz

2. Die Verwaltungsgerichte entscheiden aufgrund der Verwaltungsgerichtsordnung (VwGO) u. a. in Streitigkeiten über (vgl. § 40 VwGO)

2.1 Kinder- und Jugendhilfe
2.2 Unterhaltsvorschussleistungen
2.3 Ausbildungsförderung nach dem BAföG
2.4 Wohngeld
2.5 Aufenthaltsrecht
2.6 Asylverfahren
2.7 Kriegsopferfürsorge

2.8 Schwerbehindertenfürsorge
2.9 Schulrecht
2.10 Hochschulrecht
2.11 Prüfungsrecht

Literatur

Fasselt, U., Schellhorn, H. (Hrsg.) (2012): Handbuch der Sozialrechtsberatung. 4. Aufl.
Frings, D. (2014): Sozialrecht für die Soziale Arbeit. 2. Aufl.
Institut für Sozialarbeit und Sozialpädagogik (ISS) (Hrsg.) (2011): Die Bücher des Sozialgesetzbuches. Einführung für die Soziale Arbeit
Kievel, W., Knösel, P., Marx, A. (2013): Recht für soziale Berufe. Basiswissen kompakt
Kokemoor, A. (2014): Sozialrecht. Lernbuch, Strukturen, Übersichten. 6. Aufl.
Papenheim, H.-G., Baltes, J., Dern, S., Palsherm, I. (2014): Verwaltungsrecht für die soziale Praxis. 24. Aufl.
Trenczek, T., Tammen, B., Behlert, W., von Boetticher, A. (2014): Grundzüge des Rechts. Studienbuch für soziale Berufe. 4. Aufl.
Wabnitz, R. J. (2014a): Grundkurs Recht für die Soziale Arbeit. 2. Aufl.

4.4 Fall: Erziehungsberatung und ihre Folgen

Mutter M und Vater V sind die Eltern des fünfjährigen Jungen J sowie von zwei zweijährigen Zwillingsmädchen. J macht den Eltern seit Monaten erhebliche Schwierigkeiten: er „folgt" nicht, ist aufsässig, weigert sich, in die Kita zugehen, und ärgert ständig seine kleineren Geschwister und andere Kinder. Die Eltern wissen nicht mehr weiter und wenden sich an die Erziehungsberatungsstelle des Jugendamtes in X. M und V lassen sich dort ausführlich über allgemeine Fragen der Kindererziehung und speziell mit Blick auf die sie aktuell bedrückenden Probleme mit J beraten, und zwar in insgesamt 10 Beratungsgesprächen. Nach Abschluss derselben erhalten sie wenige Wochen später vom Jugendamt in X einen mit einer Rechtsbehelfsbelehrung versehenen „Gebührenbescheid für Erziehungsberatung" in Höhe von 400 Euro (je 40 Euro pro Beratungseinheit). Hätte die Einlegung eines Widerspruchs von M und V Aussicht auf Erfolg?

5 Bildungsrecht nach dem SGB VIII (Teil I)

5.1 Allgemeine Vorschriften

5.1.1 Kinder- und Jugendhilfe und SGB VIII

Unter „Kinder- und Jugendhilfe" versteht man die Gesamtheit der öffentlichen Sozialisationshilfen für junge Menschen sowie der Unterstützungsleistungen für deren Familien, Erziehungs- und Personensorgeberechtigte nach dem SGB VIII (Kinder- und Jugendhilfe) außerhalb von Familie, Schule, Hochschule, Berufsausbildung und Arbeitswelt. Der Begriff „Kinder- und Jugendhilfe" ist inhaltlich identisch mit dem auch heute noch gebräuchlichen Begriff „Jugendhilfe".

Das Kinder- und Jugendhilferecht umfasst die Gesamtheit der auf die Kinder- und Jugendhilfe bezogenen Rechtsvorschriften des Bundes- und Landesrechts, die die Förderung der Entwicklung, Bildung und Erziehung junger Menschen zum Gegenstand haben. Kinder- und Jugendhilferecht und Kinder- und Jugendhilfe sind auf das Engste miteinander verwoben (Münder et al. 2013a, Einleitung, Rz. 23); sie bedingen und beeinflussen sich wechselseitig. Neben dem SGB VIII gibt es weitere Bundesgesetze wie das Adoptionsvermittlungsgesetz (AdVermiG), das Jugendschutzgesetz (JuSchG) und das Gesetz zur Kooperation und Information im Kinderschutz (KKG). Daneben bestehen internationale Abkommen wie die UN-Kinderrechtskonvention. Das Kinder- und Jugendhilferecht des Bundes wird ergänzt und konkretisiert durch Landesrecht der 16 Bundesländer, insbesondere durch deren Landesausführungsgesetze zum SGB VIII.

5.1.2 Freie und öffentliche Jugendhilfe

Gemäß § 3 Abs. 1 SGB VIII ist die deutsche (Kinder- und) Jugendhilfe gekennzeichnet durch eine kaum übersehbare Vielfalt von Trägern der freien Jugendhilfe unterschiedlicher Wertorientierungen und durch eine große Vielfalt von Inhalten, Methoden und Arbeitsformen. Die freie (Kinder- und) Jugendhilfe nach den §§ 3 und 4 SGB VIII umfasst alle nichtöffentlichen Träger und Organisationen, die – ganz überwiegend! – die Aufgaben der Kinder- und Jugendhilfe nach dem SGB VIII wahrnehmen, z. B. Jugend- und Wohlfahrtsverbände, Träger der Sport-, Kultur- und Sozialarbeit sowie von vielfältigen Diensten und Einrichtungen, die Kirchen, Gewerkschaften und viele mehr (Wabnitz 2012, Kap. 1.3; Kunkel 2013b, 4.1 bis 4.3; Münder/Trenczek 2011 4.3; Winkler 2014, Kap. 3 D II., IV.).

Die örtlichen (Landkreise, kreisfreie Städte und gegebenenfalls weitere Gemeinden nach Landesrecht) und die überörtlichen Träger der öffentlichen Jugendhilfe (zumeist die Länder) sind gemäß § 69 Abs. 3 SGB VIII dazu verpflichtet, Jugendämter und Landesjugendämter als die wichtigsten Jugendbehörden in der Kinder- und Jugendhilfe zu errichten (dazu: Wabnitz in Wabnitz et. al. 2015, GK-SGB VIII, § 69 Rz. 40 ff.)". Diese haben mit den Trägern der freien Jugendhilfe unter Berücksichtigung der Prinzipien von Pluralität und Subsidiarität gemäß § 4 SGB VIII partnerschaftlich zusammenzuarbeiten (Wabnitz 2012, Kap. 1.3; Münder/Trenczek 2011, 4.3.3; Winkler 2014, Kap. 3 D III., IV). Leistungsverpflichtungen nach dem SGB VIII richten sich gemäß § 3 Abs. 2 Satz 2 nur an die Träger der öffentlichen – und nicht der freien! – Jugendhilfe, denen zugleich die Gewährleistungsverpflichtung im Hinblick auf die Erfüllung aller Aufgaben nach dem SGB VIII gemäß § 79 Abs. 1 obliegt.

5.1.3 Wunsch- und Wahlrechte, Beteiligungsrechte

Mit der Vielfalt von unterschiedlichen Trägern der freien und öffentlichen Jugendhilfe korrespondiert – gleichsam auf der subjektiven Seite – ein grundsätzliches Recht der Leistungsberechtigten nach § 5 Abs. 1 Satz 1 SGB VIII, zwischen Einrichtungen und Diensten verschiedener Träger zu wählen und Wünsche hinsichtlich der Gestaltung der Hilfe zu äußern (Wabnitz 2012, Kap. 2.2; Kunkel 2013b, 2.5; Münder/Trenczek 2011 4.2.3; Winkler 2014, Kap. 3 D III., IV).

§ 8 SGB VIII enthält generelle Regelungen über die Rechtsstellung von Kindern und Jugendlichen bei der Wahrnehmung der Aufgaben nach dem SGB VIII. Nach der Rechtsordnung der Bundesrepublik Deutschland sind auch Kinder und Jugendliche Träger eigener Rechte einschließlich der Grundrechte. Die Subjektstellung des Kindes oder des Jugendlichen wird nicht nur durch § 1, sondern u. a. auch durch die §§ 8 und 36 SGB VIII sowie subjektive, einklagbare Rechtsansprüche (auch) von Kindern und Jugendlichen selbst unterstrichen (zum Ganzen: Wabnitz 2005).

5.2 Prävention und Intervention bei Kindeswohlgefährdung

Die Aufgaben der Kinder- und Jugendhilfe beinhalten sowohl zahlreiche Leistungen nach § 2 Abs. 2 SGB VIII mit Blick auf Bildung, Hilfe und Erziehung von jungen Menschen als auch solche der Prävention und Intervention bei Kindeswohlgefährdung (Kap. 2.3.2 und 3.3.2; Wabnitz 2012, Kap. 2.3; Kunkel 2013b, 2.1 und 2.2; Münder/Trenczek 2011, 4.2.3; Winkler 2014, Kap. 3 D III., IV).

5.2.1 Schutzauftrag bei Kindeswohlgefährdung

Vor dem Hintergrund spektakulärer Fälle von Kindesvernachlässigung und -missbrauch hat der Gesetzgeber den auch in § 1 Abs. 3 Nr. 3 SGB VIII statuierten Schutzauftrag des Jugendamts (JA) seit 2005 wiederholt und zuletzt durch das am 01.01.2012 in Kraft getretene Bundeskinderschutzgesetz (BKiSchG) u. a. in den §§ 8a und 8b SGB VIII konkretisiert (dazu ISS 2012, Meysen/Eschelbach 2012 sowie Übersicht 26):

Prävention und Intervention bei Kindeswohlgefährdung 61

Schutzauftrag bei Kindeswohlgefährdung (§§ 8a, 8b SGB VIII)

Übersicht 26

1. **„Vorfeldarbeit" des JA (§ 8a Abs. 1)**
   1.1 Einschätzung des Gefährdungsrisikos;
   1.2 Einbeziehung der/des Personensorgeberechtigten/Kindes/Jugendlichen, erforderlichenfalls „Hausbesuch";
   1.3 Anbieten von Hilfen.

2. **Anrufen des Familiengerichts durch das JA (§ 8a Abs. 2 Satz 1),**
   2.1 falls dies mit Blick auf Sorgerechtseingriffe erforderlich erscheint, oder
   2.2 bei mangelnder Mitwirkungsbereitschaft.

3. **Verpflichtung des JA zur Inobhutnahme (§ 8a Abs. 2 Satz 2)**
   3.1 bei dringender Gefahr für das Kindeswohl (vgl. auch § 42!)
   3.2 und wenn Entscheidung des Familiengerichts (nach §§ 1666 ff. BGB) nicht abgewartet werden kann.

4. **Zusammenarbeit JA mit anderen zuständigen Stellen (§ 8a Abs. 3):**
   4.1 mit anderen Leistungsträgern,
   4.2 mit Einrichtungen der Gesundheitshilfe,
   4.3 mit der Polizei und
   4.4 anderen Stellen.

5. **Vereinbarungen mit Trägern von Einrichtungen und Diensten (§ 8a Abs. 4) zwecks**
   5.1 Sicherstellung der Vornahme einer Gefährdungseinschätzung durch deren Fachkräfte,
   5.2 Hinzuziehung einer insoweit erfahrenen Fachkraft,
   5.3 Einbeziehung der Erziehungsberechtigten sowie des Kindes oder Jugendlichen.

6. **Mitteilung von Daten zur Wahrnehmung des Schutzauftrages zwischen örtlichen Trägern der öffentlichen Jugendhilfe (§ 8a Abs. 5).**

7. **Ansprüche auf fachliche Beratung und Begleitung zum Schutz von Kindern und Jugendlichen (§ 8b)**
   7.1 von Personen, die beruflich in Kontakt mit Kindern oder Jugendlichen stehen, gegenüber dem örtlichen Träger durch eine insoweit erfahrene Fachkraft; also auch von LehrerInnen und Fachkräften in Bildungseinrichtungen;
   7.2 von Trägern von Einrichtungen und zuständigen Leistungsträgern gegenüber dem überörtlichen Träger mit Blick auf Handlungsleitlinien.

Darüber hinaus enthält das SGB VIII in den §§ 42 bis 60 („andere Aufgaben") weitere Vorschriften u. a. ebenfalls zum Schutz von Kindern und Jugendlichen (Wabnitz 2012, Kap. 10 bis 12; Kunkel 2013b, 3.2; Münder/Trenczek 2013, Dritter und Vierter Teil), etwa über die Inobhutnahme (§ 42 SGB VIII).

5.2.2 Frühe Hilfen

Des Weiteren wurden aufgrund des BKiSchG in § 16 Abs. 3 SGB VIII die sogenannten „Frühen Hilfen" bundesgesetzlich verankert. Danach sollen Müttern und Vätern sowie schwangeren Frauen und werdenden Vätern Beratung und Hilfe in Fragen der Partnerschaft und des Aufbaus elterlicher Erziehungs- und Beziehungskompetenzen angeboten werden.

Und ebenfalls zum 01.01.2012 ist ein separates Bundesgesetz zur Kooperation und Information im Kinderschutz (KKG) in Kraft getreten, u. a. betreffend Unterstützungsangebote in Fragen der Kindesentwicklung, den Aufbau verbindlicher Netzwerkstrukturen sowie mit Ansprüchen auf Beratung im Bereich des Kinderschutzes. Auch weite Teile des Bildungswesens sind damit konkret in die Verpflichtungen zum Schutz von Kindern und Jugendlichen bei Kindeswohlgefährdung eingebunden worden.

5.2.3 Familienbildung

„Prävention vor Intervention" bzw. „Hilfe vor Eingriff" sind zentrale Paradigmen des SGB VIII. Daher liegt es nahe, dass der Gesetzgeber in besonderer Weise „präventive" Leistungen zugunsten der Familie in den Blick genommen hat, und zwar insbesondere in §§ 16, 17 und 18 SGB VIII (Wabnitz 2012, Kap. 4; Kunkel 2013b, 3.1.1; Münder/Trenczek 2013, 7). Zu § 16 SGB VIII die Übersicht 27:

Allgemeine Förderung der Erziehung in der Familie (§ 16 SGB VIII)

Übersicht 27

1. **Adressatenkreis:** Mütter, Väter, andere Erziehungsberechtigte und junge Menschen (Abs. 1 Satz 1) sowie schwangere Frauen und werdende Väter (Abs. 3).

2. Tatbestandsvoraussetzungen: die Leistungen nach § 16 Abs. 1 sollen
2.1 dazu beitragen, die Erziehungsverantwortung besser wahrnehmen zu können (Satz 2);
2.2 Wege aufzeigen, wie Konfliktsituationen in der Familie gewaltfrei gelöst werden können (Satz 3);
2.3 Schwangeren und werdenden Vätern Beratung und Hilfe anbieten (Abs. 3).

3. Rechtsfolge: Angebot von Leistungen der allgemeinen Förderung der Erziehung in der Familie (Abs. 1 Satz 1), insbesondere gemäß Abs. 2:
3.1 Angebote der Familienbildung (Nr. 1),
3.2 der Beratung (Nr. 2),
3.3 der Familienfreizeit und -erholung, insbesondere in belastenden Familiensituationen (Nr. 3),
3.4 sowie Angebote der Beratung und Hilfe in Fragen der Partnerschaft und des Aufbaus elterlicher Erziehungs- und Beziehungskompetenzen (Abs. 3), jeweils nach näherer Regelung durch Landesrecht (Abs. 4).

5.3 Hilfe zur Erziehung und verwandte Leistungen

5.3.1 Hilfe zur Erziehung

Bei der Hilfe zur Erziehung nach den §§ 27 ff. SGB VIII handelt es sich um die „klassische" Einzelfallhilfe für Kinder und Jugendliche bei individuellen Erziehungsdefiziten mit einem breiten, differenzierten Leistungsspektrum von der Erziehungsberatung über ambulante und teilstationäre Hilfen zur Erziehung innerhalb der Familie bis zur Vollzeitpflege und vollstationären Heimunterbringung als Hilfen zur Erziehung außerhalb der eigenen Familie (Wabnitz 2012, Kap. 7 bis 9; Kunkel 2013b, 3.1.4; Münder/Trenczek 2013, 9; Winkler 2014, Kap. 3, VII; Macsenaere et. al. 2014).

Voraussetzung für die Hilfegewährung nach §§ 27 bis 35 SGB VIII ist zunächst, dass die Tatbestandvoraussetzungen von § 27 Abs. 1 SGB VIII erfüllt sind (siehe die Übersicht 28):

> **Die Grundnorm für Hilfe zur Erziehung: § 27 Abs. 1 SGB VIII**
>
> *Übersicht 28*
>
> 1. **Adressatenkreis:** Kinder und Jugendliche (vgl. § 7 Abs. 1 Nr. 1 und 2).
>
> 2. **Tatbestandsvoraussetzungen (Abs. 1):**
>   2.1 Erziehungsdefizit („eine dem Wohl des Kindes oder Jugendlichen entsprechende Erziehung ist nicht gewährleistet");
>   2.2 und die (jeweils auszuwählende) Hilfe (-art) ist geeignet und notwendig.
>
> 3. **Rechtsfolgen:**
>   3.1 Rechtsanspruch der Personensorgeberechtigten auf Hilfe zur Erziehung (Abs. 1);
>   3.2 Gewährung der Hilfe zur Erziehung „insbesondere" (aber nicht nur!) nach §§ 28 bis 35 (Abs. 2 Satz 1), in der Regel im Inland (Abs. 2 Satz 2), nach Bedarf im Einzelfall bei Einbeziehung des engeren sozialen Umfeldes (Abs. 2 Satz 1);
>   3.3 insbesondere durch Gewährung pädagogischer und damit verbundener therapeutischer Maßnahmen (Abs. 3 Satz 1), gegebenenfalls (Abs. 3 S. 2) unter Einschluss von Ausbildungs- und Beschäftigungsmaßnahmen nach § 13 Abs. 2;
>   3.4 gegebenenfalls auch Unterstützung bei der Pflege und Erziehung des Kindes einer jugendlichen Mutter (Abs. 4).
>
> 4. **Rechtscharakter von § 27 Abs. 1:**
>   4.1 objektiv-rechtliche Muss-Bestimmung;
>   4.2 Rechtsanspruch der Personensorgeberechtigten (gilt auch für §§ 28 bis 35!).

5.3.2 Eingliederungshilfe für seelisch behinderte Kinder und Jugendliche, Hilfe für junge Volljährige

Bestandteil des Leistungskatalogs des SGB VIII ist gemäß § 35a SGB VIII auch die Eingliederungshilfe (nur) für seelisch behinderte Kinder und Jugendliche (siehe Literaturhinweise in Kap. 5.3.1). Leistungen der Eingliederungshilfe für körperlich und/oder geistig behinderte Kinder und Jugendliche werden gemäß § 10 Abs. 4 Satz 2 SGB VIII in Zuständigkeit der Sozialhilfeträger erbracht. Die Eingliederungshilfe ist keine Hilfe zur Erziehung, weist jedoch Parallelen zu ihr auf und wird gemäß § 35a

Abs. 2 SGB VIII ähnlich wie die Hilfe zur Erziehung sowie in Tageseinrichtungen für Kinder – und damit zusätzlich unter spezifischen Bildungsaspekten – erbracht.

Seit Inkrafttreten des SGB VIII (1990/1991) enden Hilfen zur Erziehung in Zuständigkeit der Kinder- und Jugendhilfe nicht mehr „automatisch" mit der Vollendung des 18. Lebensjahres, sondern können im Volljährigenalter fortgesetzt oder sogar erst dann begonnen werden (siehe Literaturhinweise in Kap. 5.3.1 sowie die Übersicht 29):

Hilfe für junge Volljährige (§ 41) _Übersicht 29_

1. **Adressatenkreis (Abs. 1):**
1.1 (zuvor) Minderjährige in Hilfen zur Erziehung, die volljährig geworden sind, sowie
1.2 junge (bereits) Volljährige, jeweils bis zum Alter von in der Regel 20 Jahren, in begründeten Einzelfällen auch darüber hinaus (theoretisch bis zum Alter von unter 27 Jahren, vgl. § 7 Abs. 1 Nr. 3)

2. **Tatbestandsvoraussetzung (Abs. 1): Notwendigkeit der Hilfe aufgrund der individuellen Situation des jungen Menschen**

3. **Rechtsfolgen:**
3.1 Hilfe zur Persönlichkeitsentwicklung und zu einer eigenverantwortlichen Lebensführung gemäß Abs. 2 i. V. m. § 27 Abs. 3 und 4, §§ 28 bis 30, 33 bis 36, 39 und 40
3.2 Beratung und Unterstützung auch nach Beendigung der Hilfe (Abs. 3)

4. Rechtscharakter:
4.1 objektiv-rechtliche Soll-Bestimmung
4.2 subjektiver Regel-Rechtsanspruch des/der jungen Volljährigen

---

5.3.3 Mitwirkung und Hilfeplan

Die Tatbestandsvoraussetzungen der §§ 27 ff. SGB VIII beinhalten häufig sogenannte unbestimmte Rechtsbegriffe, weil es sich bei diesen Hilfen im Kern um pädagogisch-therapeutische Prozesse und um prognostische Entscheidungen handelt, die sich einer primär juristischen Determination entziehen (dazu: Münder et al. 2013a, § 27, Rz. 5 ff.). Umso wichtiger ist es, dass zwecks Gewährleistung einer möglichst hohen Qualität der Entscheidungen des

Jugendamts über die im Einzelfall zu gewährende Hilfeart zusätzlich die Verfahrensvorschriften der §§ 36 ff. SGB VIII eingehalten werden, insbesondere über die Kooperationsverpflichtungen nach § 36 Abs. 1 und die Hilfeplanung nach § 36 Abs. 2 SGB VIII (siehe auch dazu die Literaturhinweise in Kap. 5.3.1).

📖 **Literatur**

Arbeitsstelle Kinder- und Jugendhilfestatistik (AKJStat): 24/7 Kinder- und Jugendhilfe – ein Blick in den Zahlenspiegel der amtlichen Statistik. Forum Jugendhilfe Heft 2/2014, 47–52
Deutscher Bundestag (2013): 14. Kinder- und Jugendbericht
Deutscher Städtetag et. al.(2009): Empfehlungen zur Festlegung fachlicher Verfahrensstandards in den Jugendämtern bei Gefährdung des Kindeswohls
Institut für Sozialarbeit und Sozialpädagogik (ISS) (Hrsg.) (2012): Vernachlässigte Kinder besser schützen. 2. Aufl.
Kunkel, P.-Chr. (2013b): Jugendhilferecht. Systematische Darstellung für Studium und Praxis. 7. Aufl.
Macsenare, M., Esser, K., Knab, E., Hiller, St. (Hrsg.) (2014): Handbuch der Hilfen zur Erziehung
Meysen, T., Eschelbach, D. (2012): Das neue Bundeskinderschutzgesetz
Münder, J., Meysen, Th., Trenczek, Th. (2013a): Frankfurter Kommentar zum SGB VIII Kinder- und Jugendhilfe. 7. Aufl.
Münder, J., Trenczek, Th. (2011): Kinder- und Jugendhilferecht. 7. Aufl.
Schleicher, H. (2014): Jugend- und Familienrecht. Ein Studienbuch. 14. Aufl.
Wabnitz, R. J. (2015b): 25 Jahre SGB VIII. Die Geschichte des Achten Buches Sozialgesetzbuch von 1990 bis 2015
Wabnitz, R. J. (2012): Grundkurs Kinder- und Jugendhilferecht für die Soziale Arbeit. 3. Aufl.
Wabnitz, R. J. (2009): Vom KJHG zum Kinderförderungsgesetz. Die Geschichte des Achten Buches Sozialgesetzbuch von 1991 bis 2008
Wabnitz, R. J. (2005): Rechtsansprüche gegenüber Trägern der öffentlichen Kinder- und Jugendhilfe nach dem Achten Buch Sozialgesetzbuch (SGB VIII)

5.4 Fall: Bedauernswerte M

Das Mädchen M ist die dreijährige Tochter der Bardame B, die ein unstetes Leben als Kellnerin und „Mädchen für alles" führt und dabei bislang auch M – oft mehr schlecht als recht – in der Stadt X betreut und versorgt hat. B hat das alleinige Sorgerecht für M; von wem M abstammt, weiß B nicht und es lässt sich auch nicht mehr feststellen. Nunmehr ist B mit M nach Y umgezogen, wo B wegen gestiegenen Arbeitsumfangs – auch am Wochenende – noch weniger Zeit für M hat als in X. M wird nicht mehr regelmäßig versorgt und droht immer mehr zu verwahrlosen. Sozialarbeiterin S vom Allgemeinen Sozialen Dienst im Jugendamt in Y ist nunmehr auf die beiden aufmerksam geworden und bittet Mutter und Kind zu einem Gespräch ins Jugendamt über mögliche Leistungen der Hilfe zur Erziehung. (Andere Leistungen sollen an dieser Stelle nicht geprüft werden!)

1. Wer wäre sachlich zuständig?
2. Welche Hilfe käme konkret in Betracht?
3. Welche verfahrensmäßigen Bestimmungen wären zu beachten?
4. Gesetzt den Fall, M lebte nunmehr seit einigen Jahren in Vollzeitpflege in der Pflegefamilie P, wäre jetzt im schulpflichtigen Alter und B weigerte sich, dass M jetzt eine Schule besucht, weil auch ihr in ihrer Kindheit und Jugend „die Schule nur geschadet hätte". Was jetzt?

6 Bildungsrecht nach dem SGB VIII (Teil II)

Die §§ 11 bis 15 SGB VIII beinhalten Bildungs- und Sozialisationsleistungen für Jugendliche sowie (ältere) Kinder und ggf. auch junge Erwachsene. Die zum Teil recht allgemein gehaltenen Bestimmungen sind auf Konkretisierung durch die Bundesländer angelegt: gemäß § 15 SGB VIII „regelt" das „Nähere über Inhalt und Umfang der in diesem Abschnitt geregelten Aufgaben und Leistungen" das „Landesrecht" (dazu im Einzelnen siehe Wabnitz in Wabnitz et al. 2015, GK-SGB VIII, § 15, Rz. 8 ff.).

6.1 Kinder- und Jugendarbeit

6.1.1 Jugendarbeit

Die zu wesentlichen Teilen Bildungs- und Erziehungsziele verfolgende (außerschulische) Jugendarbeit – heute besser: „Kinder- und Jugendarbeit"! – blickt seit Ende des 19. Jahrhunderts auf lange und vielfältige Traditionen und historische Entwicklungen zurück (Thole 2000; Kunkel 2013b, 3.1.3.1; Münder/Trenczek 2013, 6.1). Gemäß § 11 Abs. 1 Satz 1 SGB VIII „sind" jungen Menschen die zur Förderung ihrer Entwicklung erforderlichen Angebote der Jugendarbeit zur Verfügung zu stellen. Leistung ist danach die Zurverfügungstellung und Nutzung der (überwiegend von freien, aber auch von öffentlichen Trägern unterbreiteten) Angebote, mithin die Möglichkeit der Teilnahme an allgemein zugänglichen Veranstaltungen oder Maßnahmen oder die Möglichkeit der Nutzung von Diensten und Einrichtungen der Jugendarbeit (Struck in Wiesner 2011, § 11 Rdnr. 3), insbesondere der Jugendverbandsarbeit (Kap. 6.1.2) und der offenen Jugendarbeit (Deinet/Sturzenhecker 2013; Rauschenbach/Borrmann 2013). Die Gesetzesbestimmung des § 11 Abs. 1 Satz 1 SGB VIII ist unzweifelhaft eine „Mussbestimmung"; es wäre deshalb eindeutig gesetzeswidrig, wenn keine oder nur völlig unzureichende Angebote unterbreitet würden (Wabnitz in Wabnitz et. al. 2015, GK-SGB VIII, §11, Rz. 2b). Allerdings korrespondiert nach nahezu einhelliger Auffassung wegen der mit Blick auf den Adressatenkreis und die konkreten Angebote sehr unbestimmten Formulierungen in §11 Abs. 1 SGB VIII kein (einklagbarer) subjektiver Rechtsanspruch (Nachweise bei Wabnitz 2013b; 2005, 145–148).

In §11 Abs. 1 Satz 2 SGB VIII werden des Weiteren mehrere grundlegende Rechts- und Strukturprinzipien der Jugendarbeit statuiert (Freiwilligkeit, Anknüpfung an den Interessen junger Menschen, Partizipation, Selbst- und Mitbestimmung, Mitgestaltung, Ganzheitlichkeit der auf die Persönlichkeitsentwicklung junger Menschen insgesamt bezogenen Angebote der Jugendarbeit). Zu den Anbietern (IJAB 2008, Teil II), Adressaten und inhaltlichen Schwerpunkten siehe Übersicht 30:

Anbieter, Adressaten und inhaltliche Schwerpunkte der Kinder- und Jugendarbeit (§ 11 Abs. 2 und 3 SGB VIII) *Übersicht 30*

1. Anbieter sind gemäß Abs. 2 Satz 1
1.1 Jugendverbände, -gruppen und -initiativen
1.2 andere Träger der freien (Kinder- und) Jugendhilfe, z. B. Wohlfahrtsverbände, Kirchen, Gewerkschaften, Träger von Jugendzentren, Bildungsstätten oder Träger der sportlichen oder der kulturellen Jugendbildung
1.3 kreisangehörige Gemeinden
1.4 Träger der öffentlichen (Kinder- und) Jugendhilfe

2. Adressaten der Angebote sind gemäß Abs. 2 Satz 2 (mit „Mischformen"):
2.1 Mitglieder
2.2 Nicht-Mitglieder, insbesondere in der offenen Jugendarbeit
2.3 junge Menschen im Rahmen von Angeboten der Gemeinwesenarbeit

3. Inhaltliche Schwerpunkte: siehe insbesondere Abs. 3 Nr. 1 bis 6

Zu den inhaltlichen Schwerpunkten der (Kinder- und) Jugendarbeit gehören die in §11 Abs. 3 Nr. 1 bis 6 SGB VIII beispielhaft (also nicht abschließend!) genannten Arbeitsfelder (Deinet/Sturzenhecker, 2013; Rauschenbach/Borrmann 2013):

1. **Außerschulische Jugendbildung** (Nr. 1) mit allgemeiner, politischer, sozialer, gesundheitlicher, kultureller, naturkundlicher und technischer Bildung
2. **Jugendarbeit in Sport, Spiel und Geselligkeit** (Nr. 2). Nicht jede sportliche Betätigung ist per se schon Jugendarbeit. Hinzukommen muss die Zielsetzung sozialen Lernens im Sinne der anzustrebenden ganzheitlichen Persönlichkeitsentwicklung junger Menschen. Dennoch kann über die Zugehörigkeit von Vereinen zur Deutschen Sportjugend im Deutschen Olympischen Sportbund ca. ein Drittel der jungen Generation zur „sportlichen Jugendbildung" gerechnet werden.
3. Andere inhaltliche Schwerpunkte sind z. B. **die arbeitswelt-, schul- und familienbezogene Jugendarbeit** (Nr. 3), **die internationale Jugendarbeit** (Nr. 4), **die Kinder- und Jugenderholung** (Nr. 5), **die Jugendberatung** (Nr. 6). Des Weiteren zählen z. B. medienpädagogische Angebote, Mädchen- und Jungenarbeit, Jugendarbeit mit jungen Ausländern oder Aussiedlern, mit behinderten jungen Menschen sowie spezielle, z. B. gewaltpräventive Angebote für Fußballfans, Drogengefährdete, Jugendliche in Sekten und destruktiven Kulten oder in rechtsextremistischen/fremdenfeindlichen Milieus dazu.

6.1.2 Förderung der Jugendverbände

Der Gesetzgeber hat mit Blick auf deren herausragende Bedeutung den Jugendverbänden und Jugendgruppen als den wichtigsten Trägern der (Kinder- und) Jugendarbeit (Gängler 2013; Peucker et. al. 2013) mit § 12 SGB VIII eine separate Gesetzesbestimmung gewidmet. Gemäß § 12 Abs. 1 SGB VIII „ist" deren „eigenverantwortliche Tätigkeit [...] unter Wahrung ihres satzungsgemäßen Eigenlebens nach Maßgabe des § 74 SGB VIII zu fördern" (zum Rechtscharakter dieser Vorschrift: Wabnitz 2013b).

Wesentliche Prinzipien der inneren Struktur und Organisation von Jugendverbänden und Jugendgruppen nach § 12 Abs. 2 Satz 1 SGB VIII sind Selbstorganisation, gemeinschaftliche und demokratische Gestaltung und Mitverantwortung. Ihre Arbeit ist – im Gegensatz zu Initiativen der Jugend gemäß § 11 Abs. 2 Satz 1 SGB VIII – auf Dauer angelegt, traditionell primär auf die

Der wichtigste Teilbereich der Jugendsozialarbeit ist die Jugendberufshilfe. Sie umfasst in unmittelbarer und primärer Verantwortung der Jugendhilfe vielfältige sozialpädagogische Hilfen zur Förderung der beruflichen Ausbildung junger Menschen und ihrer Eingliederung in die Arbeitswelt nach § 13 Abs. 1 SGB VIII sowie nach § 13 Abs. 2 SGB VIII („können") in gleichsam sekundärer Verantwortung der Jugendhilfe geeignete Ausbildungs- und Beschäftigungsmaßnahmen. Vorrangig verantwortlich sind hier jedoch Wirtschaft und Verwaltung sowie ggf. die Bundesagentur für Arbeit.

Ein weiterer „klassischer" Aufgabenbereich ist das Jugendwohnen nach § 13 Abs. 3 SGB VIII in Form der Zurverfügungstellung von geeigneten, sozialpädagogisch begleiteten Wohnformen (Schruth/Pütz 2009). Weitere Aufgabenfelder sind u. a. die Arbeit mit jungen Ausländern/innen, Aussiedlern/innen, die Mädchen- und Jungenarbeit, die Straßensozialarbeit u. a.

6.2.2 Schulsozialarbeit

Immer wichtiger geworden ist auch die Schulsozialarbeit (Speck 2014). Zumeist freie Träger unterbreiten in enger Kooperation mit den Schulen (vgl. § 13 Abs. 1 SGB VIII) u. a. Angebote der Einzel- und Gruppenberatung, Hausaufgabenbetreuung, der Freizeitgestaltung, Familienarbeit, der schulunterstützenden Sozialarbeit, Hilfen zur Persönlichkeitsentwicklung. Hinzu kommen ggf. die Abklärung zusätzlichen individuellen Förderbedarfes und die Weiterleitung an geeignete Fachdienste der Kinder- und Jugendhilfe. Angebote der Schulsozialarbeit werden mitunter auch in unmittelbarer Verantwortung von Schulen oder in Form von Maßnahmen der Bundesagentur für Arbeit unterbreitet.

6.2.3 Kooperation mit anderen Trägern und Maßnahmen

Für alle Aufgabenfelder der Jugendsozialarbeit und der Schulsozialarbeit von grundlegender Bedeutung und von der Sache her geradezu unverzichtbar sind – wie kaum in einem anderen Arbeitsfeld der Kinder- und Jugendhilfe – Kooperation und Vernetzung mit anderen Aufgabenträgern gemäß § 13 Abs. 4 SGB VIII, also insbesondere den Schulen, Berufsschulen, den Betrieben, den Trägern der beruflichen Ausbildung und anderen Organisationen und Diensten der Arbeits- und Sozialverwaltungen.

6.3 Kinder- und Jugendschutz

6.3.1 Erzieherischer Kinder- und Jugendschutz

Jungen Menschen „sollen" nach § 14 Abs. 1 SGB VIII „Angebote des erzieherischen Kinder- und Jugendschutzes gemacht werden" (Kunkel 2013b, 3.1.3.3; Münder/Trenczek 2013, 6.3), überwiegend in Form von Bildungs-, Erziehungs- und Informationsangeboten. Dadurch sollen gemäß § 14 Abs. 2 SGB VIII junge Menschen befähigt werden, sich vor gefährdenden Einflüssen zu schützen und sie zu Kritikfähigkeit, Entscheidungsfähigkeit und Eigenverantwortlichkeit sowie zur Verantwortung gegenüber ihren Mitmenschen zu führen (Nr. 1); bzw. sie sollen Eltern oder andere Erziehungsberechtigte besser befähigen, Kinder und Jugendliche vor gefährdenden Einflüssen zu schützen (Nr. 2).

6.3.2 Jugendschutzgesetz

Neben den Regelungen in § 14 SGB VIII über den Erzieherischen Kinder- und Jugendschutz gibt es außerhalb des SGB VIII u. a. das Jugendschutzgesetz (JuSchG). Dieses enthält Abgabeverbote (z. B. von Alkohol und Nikotin an Kinder und Jugendliche), Zutrittsverbote mit Blick auf Kinder und Jugendliche bzw. Besuchs(zeiten)regelungen (betreffend z. B. Diskotheken, Kinos, Videotheken, Gaststätten, Spielhallen, andere jugendgefährdende Orte) und Nutzungsverbote betreffend jugendgefährdende Medien (Nikles et. al. 2011). Mit Blick auf die außerschulische Bildungs- und Freizeitarbeit mit Kindern und Jugendlichen ist eine Kenntnis der Vorschriften des JuSchG unerlässlich!

📖 Literatur

Deinet, U., Sturzenhecker, B. (Hrsg.) (2013): Handbuch offene Kinder- und Jugendarbeit. 4. Aufl.

Fülbier, P., Münchmeier, R. (Hrsg.) (2002): Handbuch Jugendsozialarbeit. 2. Aufl.

Gängler, H. (2013): „Jugend führt Jugend?". Zur Geschichte der Jugendverbände im Spiegel rechtlicher Kodifizierung. Recht der Jugend und des Bildungswesens (RdJB) Heft 1/2013, 33–44

IJAB – Fachstelle für Internationale Jugendarbeit der Bundesrepublik Deutschland e. V. (2008): Kinder- und Jugendpolitik, Kinder- und Jugendhilfe in der Bundesrepublik Deutschland. Strukturen – Institutionen – Organisationen

Nikles, B. W. et. al.(2011): Jugendschutzrecht. Kommentar. 3. Aufl.

Peucker et. al (2013): Jugendverbände – Rahmenbedingungen, Leistungen und Herausforderungen. Recht der Jugend und des Bildungswesens (RdJB) Heft 1/2013, 45–59

Rauschenbach, Th., Borrmann, S. (2013): Arbeitsfelder der Kinder- und Jugendarbeit

Schruth, P., Pütz, Th. (2009): Jugendwohnen. Eine Einführung in die sozialrechtlichen Grundlagen, das Sozialverwaltungsverfahren und die Entgeltfinanzierung

Speck, K. (2014): Schulsozialarbeit. 3. Aufl.

Thole, W. (2000): Kinder- und Jugendarbeit. Eine Einführung

Wabnitz, R. J. (2013b): Gibt es ein Recht der Jugendverbände auf Förderung? Recht der Jugend und des Bildungswesens (RdJB) Heft 1/2013, 72–83

Wabnitz, R. J. (2007): Hessisches Kinder- und Jugendhilfegesetzbuch (HKJGB). Kommentar

Wabnitz, R. J. (2003): Recht der Finanzierung der Jugendarbeit und Jugendsozialarbeit. Ein Handbuch

Wiesner, R., Bernzen, C., Kößler, M. (2013): Jugendverbände sind zu fördern!

6.4 Fall: Schwierigkeiten bei der Jugendbildung

Das Jugendamt in X sowie der Träger der freien Jugendhilfe F e. V. bieten unabhängig voneinander attraktive Jugendbildungsmaßnahmen an.

1. Für die Jugendbildungsmaßnahme des Jugendamtes waren 25 Plätze vorgesehen, die sodann ausschreibungsgemäß nach der Reihenfolge der Antragseingänge vergeben wurden. Der Antrag des Jugendlichen J wurde – als 30. Antrag – abgelehnt, und zwar mittels eines förmlichen, mit einer Rechtsbehelfsbeleh-

rung versehenen Bescheides des Jugendamtes vom 1. Mai des Jahres. J hat, anders als andere Jugendliche, noch nie an einer solchen Maßnahme teilgenommen und meint, dass er deshalb hätte berücksichtigt werden müssen. Was könnte er dagegen unternehmen?

2. Der Träger der freien Jugendhilfe F e.V. verfügt nur über geringe Eigenmittel und beantragt deshalb die Förderung seiner Jugendbildungsmaßnahme durch das Jugendamt. Wird der Antrag Erfolg haben?

7 Bildungsrecht nach dem SGB VIII (Teil III)

7.1 Förderung von Kindern in Tageseinrichtungen und in Kindertagespflege

7.1.1 Überblick

Der Bereich der Förderung von Kindern in Tageseinrichtungen und in Kindertagespflege ist das mit Abstand größte Arbeitsfeld der Kinder- und Jugendhilfe. Angebote der Förderung von Kindern in Tageseinrichtungen und in Kindertagespflege werden mittlerweile von fast kompletten Altersjahrgängen in Anspruch genommen, sodass die Kinder- und Jugendhilfe „in der Mitte der Gesellschaft angekommen ist", wie dies im 14. Kinder- und Jugendbericht (Deutscher Bundestag 2013) vielfach herausgearbeitet worden ist.

Die Ziele der Förderung von Kindern in Tageseinrichtungen und in Kindertagespflege gemäß § 22 Abs. 2 Nr. 1 bis 3 SGB VIII sind gleichsam „Varianten" der generellen Zielsetzung des SGB VIII nach dessen § 1 Abs. 1: „Förderung der Entwicklung und der Erziehung jedes jungen Menschen zu einer eigenverantwortlichen und gemeinschaftsfähigen Persönlichkeit." Und in § 22 Abs. 3 Satz 1 SGB VIII ist der spezifische Förderauftrag (dazu (BVerfGE 97, 332) umschrieben mit: „Erziehung, Bildung und Betreuung des Kindes" (Kunkel 2013b, 3.1.2; Münder/Trenczek 2011, 8.1.2). Bundesrechtliche Rechtsgrundlage für die Förderung von Kindern in Tageseinrichtungen und in Kindertagespflege sind die §§ 22 bis 26 SGB VIII, die maßgeblich durch Landesrecht aufgrund von § 26 Satz 1 und § 74a konkretisiert werden (Kap. 7.1.3).

7.1.2 Angebote im Einzelnen

Gemäß § 22 Abs. 1 SGB VIII gibt es zwei rechtlich gleichwertige Förderangebote: der Tageseinrichtung und der Kindertagespflege. Tageseinrichtungen sind danach Einrichtungen, in denen sich Kinder für einen Teil des Tages oder ganztägig aufhalten und in Gruppen gefördert werden (Satz 1); die Erziehung, Bildung und Betreuung der Kinder erfolgt durch professionelles Personal mit mehrjähriger Berufsausbildung, zumeist durch ErzieherInnen. Kindertagespflege wird demgegenüber von geeigneten Tagespflegepersonen (entweder) in ihrem Haushalt oder im Haushalt der oder des Personensorgeberechtigten geleistet (Satz 2); die Tagespflegepersonen verfügen in aller Regel über keine einschlägige Berufsausbildung, müssen jedoch die Eignungskriterien gemäß § 23 Abs. 3 SGB VIII erfüllen und bedürfen häufig (nicht immer) einer Erlaubnis zur Kindertagespflege nach § 43.

Gemäß § 22 Abs. 1 Satz 3 SGB VIII regelt das Nähere über die Abgrenzung von Tageseinrichtungen und Kindertagespflege das Landesrecht. Die Abgrenzung wird vielfach dahingehend vorgenommen, dass entsprechend der Erlaubnis nach § 43 Abs. 3 Satz 1 SGB VIII Kindertagespflege noch bis zur Betreuung von bis zu fünf gleichzeitig anwesenden, fremden Kindern (bzw. bis zu zehn fremden Kindern halbtags) möglich ist, es sich bei mehr Kindern jedoch um eine Einrichtung handelt, die eine Erlaubnis nach § 45 SGB VIII benötigt. Dabei kann Landesrecht gemäß § 22 Abs. 1 Satz 4 SGB VIII auch regeln, dass Kindertagespflege in anderen geeigneten Räumen geleistet werden kann.

7.1.3 Landesrecht

§ 26 Satz 1 SGB VIII lautet: „Das Nähere über Inhalt und Umfang der in diesem Abschnitt geregelten Aufgaben und Leistungen regelt das Landesrecht." Und in § 74a Satz 1 SGB VIII heißt es zudem: „Die Finanzierung von Tageseinrichtungen regelt das Landesrecht." Auf dieser Grundlage existieren in allen 16 Bundesländern separate, zum Teil sehr ausführliche „Kindertagesstättengesetze" o. ä. (Krug et. al. 2015, Band 2 und 3; Jans et. al 2015, Teil F).

7.2 Förderung von Kindern in Tageseinrichtungen

7.2.1 Überblick

Die genaue Bezeichnung der verschiedenen Arten von Einrichtungen zur Kindertagesbetreuung festzulegen, ist ebenfalls Aufgabe des Landesrechts. Das SGB VIII beschränkt sich darauf, die unterschiedlichen Altersgruppen zu definieren (vgl. insbesondere in § 24 SGB VIII); dazu Übersicht 32 über die Arten von Tageseinrichtungen für Kinder nach den §§ 22, 22a, 24 SGB VIII bzw. mit überwiegend üblichen Bezeichnungen nach Landesrecht:

> **Tageseinrichtungen für Kinder (§ 24 SGB VIII)** *Übersicht 32*
>
> 1. **Krippen, Kinderkrippen oder Einrichtungen zur Klein-/Kleinstkinderbetreuung** für Kinder im Alter unter 3 Jahren gemäß § 24 Abs. 1, 2
> 2. **Kindergärten** für Kinder vom vollendeten 3. Lebensjahr bis zum Schuleintritt gemäß § 24 Abs. 3
> 3. **Horte** für Kinder im schulpflichtigen Alter gemäß § 24 Abs. 4
> 4. **altersgemischte Gruppen oder Kinderhäuser**
> 5. **andere Formen der Förderung** nach Landesrecht

Tageseinrichtungen für Kinder werden überwiegend von Trägern der freien Jugendhilfe betrieben, aber auch in öffentlicher Trägerschaft geführt. Daneben gibt es Trägerschaften von Schulen, Betrieben und der Sozialhilfe (Sonderkindergärten) außerhalb der Kinder- und Jugendhilfe.

7.2.2 Angebote im Einzelnen

Die Förderung von Kindern in **Kindergärten** hat sich bereits seit vielen Jahren flächendeckend durchgesetzt. Zugleich ist der Kindergarten (ein übrigens so auch im Ausland gebräuchlicher Begriff) die „klassische" Form der Kindertagesbetreuung schlechthin, der auch von nahezu allen Kindern vom vollendeten dritten Lebensjahr bis zum Schuleintritt besucht wird (Deutscher Bundestag 2013,

313 ff.). Da möglichst alle Kinder diese für die frühkindliche Bildung, Erziehung, Sprachförderung, Sozialisation und Integration in die Gesellschaft fast unverzichtbare Einrichtung besuchen sollen, wurde im Jahre 1992 in § 24 SGB VIII (mit Übergangsfristen bis 1996/1998) als „Meilenstein der Jugendhilferechtsgesetzgebung" der „berühmte" Kindergartenrechtsanspruch verankert (jetzt: in § 24 Abs. 3 Satz 1 SGB VIII), aufgrund dessen es in den alten Bundesländern (bei Vollversorgung in den neuen Bundesländern) in den 1990er Jahren zur Schaffung von mehreren 100.000 Kindergartenplätzen gekommen ist (Wabnitz 2015b, Zweites Kapitel).

Allerdings ist in § 24 Abs. 3 Satz 1 SGB VIII (ebensowenig wie in den meisten Landesausführungsgesetzen) nichts Näheres über den zeitlichen Mindestumfang der Förderung in Kindergärten und über die zumutbare Entfernung zur Einrichtung ausgeführt. Zahlreiche Autoren in der rechtswissenschaftlichen Literatur fordern allerdings eine tägliche Mindestöffnungsdauer von sechs Stunden (Gerstein in Wabnitz et al. 2015, GK-SGB VIII, § 24, Rz. 11; Lakies in Münder et al. 2013b, § 24, Rz. 17; Struck in Wiesner 2011, § 24 Rdnr. 15). Mit Blick auf Ganztagsangebote besteht lediglich die objektiv-rechtliche Verpflichtung nach § 24 Abs. 3 Satz 2 SGB VIII zur Schaffung „bedarfsgerechter" Angebote (auf der Grundlage der Jugendhilfeplanung nach § 80 SGB VIII).

Krippen (oder: Kinderkrippen oder Einrichtungen zur Klein- oder Kleinstkinderbetreuung) sind Einrichtungen für Kinder im Alter von unter drei Jahren gemäß § 24 Abs. 1 und 2 SGB VIII. Vor dem Hintergrund der bis etwa 2002 in den alten (anders: in den neuen) Bundesländern nahezu katastrophalen Versorgungssituation in diesem Bereich wurde aufgrund des Kinderförderungsgesetzes 2008 mit Wirkung vom 01.08.2013 gemäß § 24 Abs. 2 Satz 1 SGB VIII ein Rechtsanspruch eines jeden Kindes auf frühkindliche Förderung in einer Tageseinrichtung oder in Kindertagespflege eingeführt, das das erste Lebensjahr vollendet hat bis zur Vollendung des dritten Lebensjahres (zum Ganzen Wabnitz 2015b, Zweites Kapitel, XXV, XXVIII und XXXI; zu aktuellen Rechtsproblemen Meysen/Beckmann, 2013; Wiesner et. al 2013). Dies hat aufgrund von milliardenschweren Ausbauprogrammen von Bund, Ländern und Kommunen bewirkt, dass sich die Angebote im Krippenbereich innerhalb von rund zwölf Jahren in den westlichen Bundesländern von im Jahre 2002 durchschnittlich rund 3 % auf über

30 % im Jahre 2013 mehr als verzehnfacht haben (Statistisches Bundesamt, 2013 und 2014)!

– **Horte** sind – neben Ganztagsschulangeboten in Zuständigkeit der Schulverwaltung – Einrichtungen der Kinder- und Jugendhilfe gemäß § 24 Abs. 4 SGB VIII zur Erziehung, Bildung und Betreuung von Schulkindern in der Regel am Nachmittag, deren Vorhaltung der Träger der öffentlichen Jugendhilfe „bedarfsgerecht" zu gewährleisten hat.

7.2.3 Objektive Rechtsverpflichtungen und subjektive Rechtsansprüche

Sowohl am Beispiel des Kindergartenrechtsanspruchs in den 1990-er Jahren als auch am Beispiel des Anspruchs auf frühkindliche Förderung ab dem vollendeten ersten Lebensjahr hat sich eindrucksvoll bestätigt, dass nur auf der Basis einklagbarer subjektiver Rechtsansprüche und nicht auf der Basis rein objektivrechtlicher Verpflichtungen in hinreichendem Umfang Infrastrukturen der Kinder- und Jugendhilfe geschaffen werden! (Ähnlich ist es im Bereich der Hilfen zur Erziehung nach den §§ 27 ff. SGB VIII – mit Rechtsanspruch – im Vergleich zu den Leistungen nach den §§ 11 bis 14, 16, 19 bis 20 SGB VIII – fast durchweg ohne Rechtsanspruch!). Übersicht 33 zeigt, wo es im Bereich der Tageseinrichtungen für Kinder derzeit Rechtsansprüche gibt und wo (noch) nicht:

Rechtscharakter der Regelungen in § 24 SGB VIII betreffend Tageseinrichtungen für Kinder nach den folgenden Altersstufen

Übersicht 33

1. **Für Kinder, die das erste Lebensjahr noch nicht vollendet haben:** gemäß Abs. 1 objektiv-rechtliche Verpflichtung des Trägers der öffentlichen Jugendhilfe, in bedarfsgerechtem Umfang Angebote vorzuhalten.

2. **Für Kinder, die das erste Lebensjahr vollendet haben, bis zur Vollendung des dritten Lebensjahres:** gemäß Abs. 2 Satz 1 Anspruch auf Förderung in einer Tageseinrichtung nach dem individuellen Bedarf.

3. **Für Kinder, die das dritte Lebensjahr vollendet haben, bis zum Schuleintritt:** gemäß § 24 Abs. 3 Satz 1 Anspruch auf Förderung in einer Tageseinrichtung (ohne nähere zeitliche Bestimmung); gemäß Satz 2 (nur) objektiv-rechtliche Verpflichtung des Trägers der öffentlichen Jugendhilfe darauf hinzuwirken, dass für diese Altersgruppe ein bedarfsgerechtes Angebot an Ganztagsplätzen zur Verfügung steht.

4. **Für Kinder im schulpflichtigen Alter:** gemäß Abs. 4 Satz 1 (nur) objektiv-rechtliche Verpflichtung des Trägers der öffentlichen Jugendhilfe, ein bedarfsgerechtes Angebot an Tageseinrichtungen vorzuhalten.

Mit Blick auf die Förderung in Tageseinrichtungen gibt es darüber hinaus eine Reihe von objektiv-rechtlichen Soll-Verpflichtungen der Träger der öffentlichen Jugendhilfe – jeweils ohne Rechtsanspruch – gemäß § 22a Abs. 5 SGB VIII.

Danach sollen die Träger der öffentlichen Jugendhilfe die Realisierung des Förderungsauftrages nach Maßgabe von § 22a Abs. 1 bis 4 SGB VIII in den Einrichtungen anderer Träger durch geeignete Maßnahmen sicherstellen. Die in Bezug genommenen Absätze sind jedoch so allgemein formuliert, dass ihnen kaum rechtliche Regelungssubstanz zu entnehmen ist. Es geht unter anderem um: Qualität (Abs. 1), Zusammenarbeit (Abs. 2), Orientierung an den Bedürfnissen der Kinder und ihrer Familien (Abs. 3) und Förderung von Kindern mit und ohne Behinderung (Abs. 4).

7.3 Förderung von Kindern in Kindertagespflege und anderen Angeboten

7.3.1 Förderung in Kindertagespflege

Kindertagespflege ist die ausdrücklich als rechtlich gleichwertig vorgesehene Alternative zur Förderung von Kindern in Tageseinrichtungen: vor allem für Kinder im Alter von unter drei Jahren (Kunkel 2013b, 3.1.2; Münder/Trenczek 2011, 8.2.2; zur historischen Entwicklung dieser wiederholt geänderten Vorschrift: Wabnitz 2015b, Viertes Kapitel, III. 3). Über § 22 Abs. 1 SGB VIII hinaus wird die Kindertagespflege in § 23 SGB VIII detailliert geregelt, und zwar mit Blick auf die Bestandteile der Förderung

(Abs. 1), die verschiedenen Elemente der laufenden Geldleistung an die Tagespflegeperson (Abs. 2 und 2a) sowie auf Eignungskriterien zur Kindertagespflege (Abs. 3). Dazu die Übersicht 34:

Förderung in Kindertagespflege (§ 23 SGB VIII)

Übersicht 34

1. Elemente der Förderung in Kindertagespflege (Abs. 1)
1.1 Vermittlung des Kindes
1.2 fachliche Beratung
1.3 Begleitung
1.4 weitere Qualifizierung
1.5 Gewährung einer laufenden Geldleistung

2. Laufende Geldleistung an die Tagespflegeperson im Einzelnen (Abs. 2, 2a)
2.1 Kostenerstattung für Sachaufwand
2.2 Beitrag zur Anerkennung der Förderungsleistung
2.3 Erstattung nachgewiesener Aufwendungen für Beiträge zur Unfallversicherung sowie hälftige Erstattung nachgewiesener Aufwendungen zu einer angemessenen Alterssicherung
2.4 hälftige Erstattung nachgewiesener Aufwendungen zu einer angemessenen Kranken- und Pflegeversicherung

3. Qualifizierung der Kindertagespflege durch Statuierung von Eignungskriterien („geeignete Tagespflegeperson" – Abs. 3) hinsichtlich:
3.1 Persönlichkeit
3.2 Sachkompetenz
3.3 Kooperationsbereitschaft
3.4 kindgerechte Räumlichkeiten
3.5 vertiefte Kenntnisse aufgrund von Lehrgängen oder auf andere Weise

4. Weitere Regelungen (Abs. 4):
4.1 Anspruch von Erziehungsberechtigten und Tagespflegepersonen auf Beratung in allen Fragen der Kindertagespflege (ebenso gemäß § 43 Abs. 4)
4.2 Verpflichtung, für Ausfallzeiten einer Tagespflegeperson rechtzeitig eine andere Betreuungsmöglichkeit für das Kind sicherzustellen
4.3 außerdem: Zusammenschlüsse von Tagespflegepersonen sollen beraten, unterstützt und gefördert werden

---

In erster Linie mit dem Ziel der Qualitätssicherung im Bereich der Kindertagespflege bedürfen Tagespflegepersonen gemäß § 43

SGB VIII auch einer Erlaubnis, wenn kumulativ fünf Voraussetzungen erfüllt sind: Betreuung eines Kindes oder mehrerer Kinder außerhalb des Haushalts des/der Erziehungsberechtigten; während eines Teils des Tages; mehr als 15 Stunden wöchentlich; gegen Entgelt; bei Betreuungsabsicht für einen Zeitraum von länger als drei Monaten. Die weithin übliche Betreuung durch eine „Tagesmutter" aus dem Bereich der Nachbarschaft oder Verwandtschaft im Haushalt der Eltern des Kindes ist davon nicht erfasst. Voraussetzung für die Erlaubniserteilung ist das Vorliegen von Eignungskriterien gemäß § 43 Abs. 2 SGB VIII, die im Wesentlichen denen von § 23 SGB VIII entsprechen.

7.3.2 Objektive Rechtsverpflichtungen und subjektive Rechtsansprüche

Die Rechtssituation stellt sich hier ganz ähnlich dar wie im Bereich der Förderung in Tageseinrichtungen (Kap. 7.2.3), allerdings mit den folgenden Besonderheiten:

- Gemäß § 24 Abs. 3 Satz 3 SGB VIII „kann" ein Kind „bei besonderem Bedarf oder ergänzend auch in Kindertagespflege gefördert werden."
- Es bestehen Ansprüche von Erziehungsberechtigten und Tagespflegepersonen auf Beratung in allen Fragen der Kindertagespflege sowohl gemäß § 23 Abs. 4 Satz 1 als auch § 43 Abs. 4 SGB VIII).

7.3.3 Andere Förderangebote

Mit Blick auf andere Förderangebote, z. B. in Form von altersgemischten Gruppen, Kinderhäusern etc. enthält das SGB VIII keine expliziten Regelungen. Gemäß § 25 SGB VIII „sollen" allerdings (ohne Rechtsanspruch) Mütter, Väter und andere Erziehungsberechtigte, die die Förderung von Kindern selbst organisieren wollen, beraten und unterstützt werden.

📖 Literatur

Arbeitsgemeinschaft für Kinder- und Jugendhilfe (AGJ) (Hrsg.) (2013): Chancen und Herausforderungen des Ausbaus der Kindertagesbetreuung für unter Dreijährige

Meysen, Th., Beckmann, J. (2013): Rechtsanspruch U3: Förderung in Kita und Kindertagespflege

Statistisches Bundesamt (2013): Statistiken der Kinder- und Jugendhilfe. Kinder und tätige Personen in Tageseinrichtungen und in öffentlich geförderter Kindertagespflege

Statistisches Bundesamt (2015): Öffentliche Hand gab 2013 rund 35,5 Mrd. € für Kinder- und Jugendhilfe aus. Pressemitteilung Nr. 26 vom 23.01.2015 – 28/14

Wabnitz, R. J. (2015b): 25 Jahre SGB VIII. Die Geschichte des Achten Buches Sozialgesetzbuch von 1990 bis 2015

Wabnitz, R. J. (2007): Hessisches Kinder- und Jugendhilfegesetzbuch (HKJGB). Kommentar

Wiesner, R., Grube, C., Kößler, M. (2013): Der Anspruch auf frühkindliche Förderung und seine Durchsetzung. Folgen der Nichterfüllung des Anspruchs

7.4 Fall: Kindertagesbetreuung für T

Frau M ist die allein erziehende Mutter ihrer 1,5-jährigen Tochter T, für die sie auch das alleinige Sorgerecht hat. Nachdem M ihre Tochter bisher zu Hause allein betreut und versorgt hat, möchte sie jetzt wieder arbeiten gehen und sucht eine Möglichkeit der Kindertagesbetreuung für T.

1. Hat sie einen Rechtsanspruch auf den Besuch einer Tageseinrichtung für T?
2. Gäbe es gegebenenfalls auch einen Rechtsanspruch auf Tagespflege oder auf Betreuung in einer Eltern-Kind-Gruppe?
3. An wen könnte sich M wenden?
4. Könnte M mit Aussicht auf Erfolg vom Jugendamt verlangen, dass die Gebühren für den Platz in einer Tageseinrichtung oder die Kosten der Kindertagespflege von dort übernommen werden, sofern sie selbst nur ein sehr geringes Einkommen erzielen sollte?

5. Wie gestalten sich die Rechtsbeziehungen zur örtlichen evangelischen Kirchengemeinde als Träger der gewünschten Tageseinrichtung?
6. Könnte M für T Kindertagespflege dergestalt verlangen, dass ihre Mutter, Ts Großmutter G, im Haushalt von M ihr Enkelkind tagsüber betreut und das Jugendamt G die bei der Förderung der Kindertagespflege im Jugendamtsbezirk üblichen Geldleistungen zahlt?

8 Bundesausbildungsförderungsgesetz

Trotz wechselvoller Phasen des Aus- und Rückbaus der Leistungen nach dem 1971 geschaffenen Bundesausbildungsförderungsgesetz/BAföG (dazu Ramsauer/Stallbaum 2014, Vorwort zur 5. Aufl.) ist die besondere Bedeutung dieses Gesetzes für Studierende und Schüler/innen unbestritten. Das BAföG wird durch zahlreiche Rechtsverordnungen ergänzt; für die Praxis außerordentlich wichtige Hinweise sind darüber hinaus in der Allgemeinen Verwaltungsvorschrift zum BAföG enthalten (Deutsches Studentenwerk 2013).

8.1 Förderungsfähige Ausbildungen und Leistungen

Gemäß §1 BAföG besteht nach Maßgabe dieses Gesetzes ein Rechtsanspruch auf individuelle Förderung für eine der Neigung, Eignung und Leistung entsprechende Ausbildung, wenn der/m Auszubildenden die für ihren/seinen Lebensunterhalt und ihre/seine Ausbildung erforderlichen Mittel anderweitig nicht zur Verfügung stehen. Sonstige Leistungen zur Sicherung des Lebensunterhaltes, insbesondere Arbeitslosengeld (nach dem SGB III), Arbeitslosengeld II (nach dem SGB II) sowie Hilfe zum Lebensunterhalt und Grundsicherung bei Erwerbsminderung (nach dem SGB XII), erhalten gemäß §7 Abs. 5 SGB II und §22 SGB XII BAföG-Empfänger/innen in der Regel nicht. BAföG-Leistungen werden auch nicht bei Maßnahmen der beruflichen Fortbildung und Umschulung gezahlt (Winkler 2012, 42). Gemäß §2 Abs. 6 BAföG wird Ausbildungsförderung u.a. auch dann nicht geleistet, wenn der Auszubildende Leistungen von den Begabtenförderungswerken (Kap. 8.3.3) oder Anwärterbezüge im öffentlichen Dienst erhält.

8.1.1 Förderungsfähige Ausbildungen

Der Besuch welcher Ausbildungsstätten gefördert werden kann, ergibt sich im Wesentlichen aus § 2 Abs. 1 BAföG (siehe dazu die Übersicht 35):

Ausbildungsstätten

1. weiterführende allgemeinbildende Schulen und Berufsfachschulen u. a., in der Regel ab Klasse 10
2. bestimmte Berufsfachschulklassen und Fachschulklassen sowie bestimmte Fach- und Fachoberschulklassen
3. bestimmte Abendschulen und Kollegs
4. höhere Fachschulen und Akademien
5. Hochschulen

Übersicht 35

Ausbildungsförderung wird gemäß § 4 BAföG grundsätzlich im Inland geleistet, nur ausnahmsweise im Ausland (gemäß §§ 5 und 6 BAföG). Gemäß § 15 Abs. 2 BAföG wird Ausbildungsförderung für die Dauer der Ausbildung geleistet, bei Studiengängen jedoch grundsätzlich nur bis zum Ende der Förderungshöchstdauer nach § 15a BAföG: diese entspricht der Regelstudienzeit nach § 10 Abs. 2 des Hochschulrahmengesetzes oder einer vergleichbaren Festsetzung. Gemäß § 15 Abs. 3 BAföG kann aus schwerwiegenden Gründen ausnahmsweise auch über die Förderungshöchstdauer hinaus Ausbildungsförderung geleistet werden. Da Bachelor- und Masterstudiengänge eigene Ausbildungsabschnitte sind, werden diese für die Bemessung der Förderungshöchstdauer gesondert betrachtet (Nr. 15a 1.2 der Allgemeinen Verwaltungsvorschrift).

8.1.2 Leistungen

Gemäß § 7 Abs. 1 BAföG werden Leistungen grundsätzlich nur für Erstausbildungen gewährt, gemäß § 7 Abs. 1a BAföG auch für Masterstudiengänge u. a., wenn sie auf einem Bachelorstudiengang o. ä. aufbauen; eine Zweitausbildung kann grundsätzlich nur unter den besonderen Voraussetzungen von § 7 Abs. 2 BAföG, eine Drittausbildung nach dem BAföG überhaupt nicht gefördert werden. Leistungen nach dem BAföG werden entweder als Zuschuss oder als Darlehen gewährt (Winkler 2012, 341 ff.; Luthe 2003, 266 ff.). Förderungsarten nach §§ 17 Abs. 1 bis 3, 18 ff. BAföG:

1. **Nicht rückzahlbarer Zuschuss:** bei Schülern
2. **Grundsätzlich 50 % Zuschuss und 50 % unverzinsliches Darlehen:** beim Besuch von höheren Fachschulen, Akademien und Hochschulen sowie bei der Teilnahme an bestimmten Praktika; §§ 17 bis 18b BAföG regeln die Darlehensbedingungen, u. a.: einkommensabhängige Rückzahlung (maximal 10.000 €)
3. **Verzinsliches Bankdarlehen:** wenn die Förderung über die Grundausstattung hinausgeht (zum Beispiel bei Förderung einer weiteren Ausbildung, nach Studienabbruch und/oder Fachwechsel oder bei Überschreiten der Förderungshöchstdauer; Einzelheiten: §§ 18c f. BAföG)

Gemäß § 11 Abs. 1 BAföG wird Ausbildungsförderung für den Lebensunterhalt und die Ausbildung geleistet (Bedarf), auf den gemäß Abs. 2 nach Maßgabe der folgenden Vorschriften Einkommen und Vermögen des Auszubildenden sowie Einkommen seines Ehegatten oder Lebenspartners und seiner Eltern in dieser Reihenfolge anzurechnen sind. Die Bedarfssätze betragen gemäß §§ 12 und 13 BAföG für Schüler derzeit 216 bis 543 € und für Studierende 348 bis 597 €, ggf. zuzüglich 62 € Kranken- und Pflegeversicherungszuschlag und Zusatzleistungen in Härtefällen und Kinderbetreuungszuschlag (§§ 13a bis 14b BAföG). §§ 21 ff. BAföG enthalten detaillierte Regelungen über die Anrechnung von Einkommen und Vermögen.

Ab 01.01. bzw. 01.08.2016 erfolgen Anhebungen der Bedarfssätze und Einkommensfreibeträge um 7 %, des Kinderbetreuungszuschlags auf dann einheitlich 130 € pro Kind und des Wohnzuschlags auf 250 €. Für Studierende, die nicht bei ihren Eltern wohnen, wird der monatliche Förderungshöchstsatz um rund 9,7 % auf dann 735 € steigen (Pressemitteilung des BMBF vom 20.08.2014, Nr. 77/2014 sowie 25. BAföG-Änderungsgesetz vom 23.12.2014, BGBl. I S. 2475).

8.1.3 Persönliche Voraussetzungen für die Leistungsgewährung

Gemäß § 8 Abs. 1 Nrn. 1 bis 4 BAföG wird Ausbildungsförderung geleistet: Deutschen im Sinne des Grundgesetzes und Unionsbürgern mit Recht auf Daueraufenthalt im Sinne des Freizügigkeitsgesetzes/EU, ggf. auch Ehegatten oder Lebenspartnern und Kindern von Unionsbürgern; sowie anderen Ausländern unter den weiteren, zum Teil engen Voraussetzungen nach § 8 BAföG. Eine Ausbildung wird gemäß § 9 BAföG gefördert, wenn die Leistungen der/des Auszubildenden erwarten lassen, dass sie/er das angestrebte Ausbildungsziel erreicht, und die/der Auszubildende gemäß § 10 Abs. 3 BAföG das 30. bzw. 35. Lebensjahr noch nicht vollendet hat (mit Ausnahmen).

8.2 Zuständigkeiten, Verfahren, Anspruchsübergang

8.2.1 Zuständigkeiten

Zuständig für die Antragstellung nach dem BAföG und für dessen Durchführung insgesamt sind gemäß § 40 BAföG in der Regel die Ämter für Ausbildungsförderung, die bei staatlichen Hochschulen oder bei Studentenwerken, im Übrigen von den Kommunen für jeden Kreis und jede kreisfreie Stadt einzurichten sind. Für die Einzelentscheidung über die Ausbildungsförderung ist gemäß § 45 Abs. 1 BAföG grundsätzlich das Amt für Ausbildungsförderung örtlich zuständig, in dessen Bezirk die Eltern des Auszubildenden oder, wenn nur noch ein Elternteil lebt, dieser den ständigen Wohnsitz haben.

8.2.2 Verfahren

Über die Leistungen der Ausbildungsförderung sowie über die Höhe der Darlehenssumme nach § 18c BAföG wird gemäß § 46 Abs. 1 auf schriftlichen Antrag entschieden. Im Rahmen des Verwaltungsverfahrens bestehen breit angelegte Mitwirkungs- und Auskunftspflichten, auch von Ausbildungsstätten gemäß §§ 47 ff.

BAföG. Über BAföG-Anträge wird durch Verwaltungsakt entschieden (Kap. 4.2.1). Einzelheiten zur Bescheiderteilung und zur Zahlungsweise (betreffend Darlehen) sind in den §§ 50 ff. BAföG geregelt. Gegen Bescheide nach dem BAföG kann gemäß §§ 68 ff. VwGO Widerspruch eingelegt werden; gemäß § 54 BAföG ist anschließend ggf. der Verwaltungsrechtsweg gegeben.

8.2.3 Anspruchsübergang

In der Praxis leider nicht ganz selten wird § 37 BAföG (Übergang von Unterhaltsansprüchen) relevant. Hat der Auszubildende gemäß § 37 Abs. 1 Satz 1 BAföG für die Zeit, für die ihm Ausbildungsförderung gezahlt wird, nach bürgerlichem Recht einen Unterhaltsanspruch gegen seine Eltern, so geht dieser Unterhaltsanspruch zusammen mit dem unterhaltsrechtlichen Auskunftsanspruch ab der Zahlung von BAföG-Leistungen bis zur Höhe der geleisteten Aufwendungen grundsätzlich auf das Land über. Von Bedeutung ist dies mit Blick auf Eltern, die nicht dazu bereit sind, ihre nach den §§ 1601 ff. BGB bestehenden Unterhaltsverpflichtungen zu erfüllen (Kap. 3.1.2 sowie Fall 8.4). Entsprechendes gilt gemäß § 38 BAföG mit Blick auf Leistungsansprüche gegen eine (andere) öffentlich-rechtlich Stelle, die nicht Leistungsträger nach dem BAföG ist.

8.3 Weitere Möglichkeiten der Ausbildungsförderung

8.3.1 Leistungen für Bildung und Teilhabe nach SGB II und SGB XII

Gemäß § 28 SGB II sowie § 34 SGB XII – je nach dem berechtigten Personenkreis – können seit einigen Jahren von Kindern, Jugendlichen und jungen Erwachsenen zusätzlich zu den sonstigen Leistungen nach dem SGB II bzw. XII bei Vorliegen aller einschlägigen, zahlreichen Voraussetzungen „Bedarfe für Bildung und Teilhabe" am sozialen und kulturellen Leben in der Gemeinschaft geltend gemacht werden; dazu die Übersicht 36:

> **Bedarfe für Bildung und Teilhabe nach SGB II und XII** *Übersicht 36*
>
> 1. **Schulausflüge und mehrtägige Klassenfahrten:** tatsächliche Aufwendungen bei Schülerinnen und Schülern; für Kinder, die eine Kindertageseinrichtung besuchen, gilt dies entsprechend.
>
> 2. **Ausstattung mit persönlichem Schulbedarf:** bei Schülerinnen und Schülern in Höhe von 70 bzw. 30 € zu Beginn des ersten bzw. zweiten Schulhalbjahres.
>
> 3. **Schülerbeförderung:** tatsächliche Aufwendungen bei Schülerinnen und Schülern, sofern keine anderweitige Erstattung; als zumutbare Eigenleistung gilt in der Regel ein Betrag in Höhe von 5 € monatlich.
>
> 4. **Angemessene Lernförderung:** bei Schülerinnen und Schülern als Ergänzung der schulischen Angebote.
>
> 5. **Mehraufwendungen für Teilnahme an einer gemeinschaftlichen Mittagsverpflegung:** für Schüler/innen und Kinder, die eine Tageseinrichtung besuchen oder für die Kindertagespflege geleistet wird.
>
> 6. **Bedarf zur Teilhabe am sozialen und kulturellen Leben in der Gemeinschaft** in Höhe von insgesamt 10 € monatlich bei Leistungsberechtigten bis zur Vollendung des 18. Lebensjahres für Mitgliedsbeiträge in den Bereichen Sport, Spiel, Kultur und Geselligkeit, Unterricht in künstlerischen Fächern (zum Beispiel Musikunterricht) und vergleichbare angeleitete Aktivitäten der kulturellen Bildung sowie Teilnahme an Freizeiten.

8.3.2 Leistungen nach dem Aufstiegsfortbildungsförderungsgesetz

Ziel der individuellen Förderung nach dem Aufstiegsfortbildungsförderungsgesetz (AFBG) – auch „Meister-Bafög" genannt – ist es, Teilnehmerinnen und Teilnehmer an Maßnahmen der beruflichen Aufstiegsfortbildung durch Beiträge zu den Kosten der Maßnahme und zum Lebensunterhalt finanziell zu unterstützen (§ 1 AFBG). Gemäß § 2 AFBG ist die Teilnahme an Fortbildungsmaßnahmen öffentlicher und privater Träger förderfähig, die einen Abschluss in einem nach § 4 BBiG oder nach § 25 HwO anerkannten Ausbildungsberuf o. ä. voraussetzen und in einer bestimmten fachlichen

Richtung gezielt auf bestimmte Fortbildungsabschlüsse vorbereiten, z. B. zum/zur Meister/in u. a.

Während der Teilnahme wird u. a. (vgl. §§ 10 ff. AFBG) ein Beitrag zu den Kosten der Lehrveranstaltungen in Höhe von derzeit bis zu 10.226 € geleistet, davon 30,5 % als Zuschuss und der Rest als zinsgünstiges Darlehen, das jedoch bei einer Existenzgründung o. ä. innerhalb von drei Jahren nach Beendigung der Maßnahme zu überwiegenden Teilen erlassen werden kann. Zuständig sind die von den Ländern bestimmten Behörden bzw. die Kreditanstalt für Wiederaufbau (KfW).

8.3.3 Weitere Förderungsmöglichkeiten

In Übersicht 37 werden weitere bundesweite Förderungsmöglichkeiten aufgeführt:

Weitere bundesweite Förderungsmöglichkeiten — Übersicht 37

1. **Berufsausbildungsbeihilfe nach dem SGB III** (Kap. 10.1.2 und 10.1.3)
2. **Weiterbildungsstipendium und Aufstiegsstipendium des BMBF**
3. **Stiftungen/Förderprogramme für besonders begabte Studierende:** Avicenna-Studienwerk, Cusanuswerk, Ernst Ludwig Ehrlich Studienwerk, Evangelisches Studienwerk Villigst, Friedrich-Ebert-Stiftung, Friedrich-Naumann-Stiftung, Hanns-Seidel-Stiftung, Hans-Böckler-Stiftung, Heinrich-Böll-Stiftung, Konrad-Adenauer-Stiftung, Rosa-Luxemburg-Stiftung, Stiftung der Deutschen Wirtschaft, Studienstiftung des deutschen Volkes
4. **Bildungskreditprogramm der Bundesregierung**
5. **KfW-Studienkredit**
6. **Deutschland-Stipendium**

Literatur

Deutsches Studentenwerk (Hrsg.) (2013): Bundesausbildungsförderungsgesetz mit Erläuterungen. 23. Aufl.

Fricke, E. (2005): Ausbildungsförderungsrecht. In: Fricke, E., Ott, S. (2005): Verwaltungsrecht in der anwaltlichen Praxis. 2. Aufl.
Luthe, E.-W. (2003): Bildungsrecht.
Ramsauer,U., Stallbaum, M. (Hrsg.) (2014): Bundesausbildungsförderungsgesetz. Kommentar. 5. Aufl.
Winkler, J. (2012): Teil I. Kapitel 1: Ausbildungsförderung sowie Teil II. Kapitel 1: Ausbildung. In: Fasselt, U., Schellhorn, H. (Hrsg.) (2012): Handbuch Sozialrechtsberatung. 4. Aufl.

8.4 Fall: Studentin S und das BAföG

1. Studentin S hat soeben ihr Studium der Kindheitspädagogik an der staatlichen Fachhochschule in X als ihre erste Hochschulausbildung begonnen. Sie fragt, ob dieses Studium über das BAföG gefördert werden kann und wo ein Antrag zu stellen wäre.
2. Wie lange könnte das Studium nach dem BAföG gefördert werden?
3. Auf welche Weise würde ihr Studium ggf. gefördert?
4. In welcher Höhe könnte das Studium von S, die keine Geschwister hat, gefördert werden, wenn sie nicht mehr zu Hause bei ihren Eltern wohnt; aufgrund einer regelmäßigen Nebentätigkeit pro Monat ein Einkommen in Höhe von 200 € erzielt; die Einkünfte ihrer Eltern monatlich 1.800 € betragen (bei Ausgaben für die Sozialversicherung in Höhe von 300 €); und weder sie noch ihre Eltern über Vermögen verfügen?
5. Falls ihr Studium über ein Darlehen nach dem BAföG gefördert würde: Könnte ihr ein Teil des Darlehens zu einem späteren Zeitpunkt erlassen werden?
6. Gesetzt den Fall, die Eltern würden sich weigern, S Unterhalt zu zahlen: Was könnte das Amt für Ausbildungsförderung ggf. mit Blick auf die Eltern unternehmen?

9 Schulische Bildung

Bereits in Kap. 2.2.2 ist darauf hingewiesen worden, dass das Grundgesetz dem Bund im Bereich des Schulwesens und des Schulrechts (fast) keine Zuständigkeiten eröffnet und die Gesetzgebungs- und Verwaltungskompetenzen für das Schulwesen deshalb bei den Ländern liegen. Auch wenn diese dementsprechend „ihr" Schulrecht und die Schulorganisation – auch je nach landespolitischen Schwerpunkten – unterschiedlich ausgestaltet haben, sind viele Fragen dennoch in ganz ähnlicher Weise geregelt worden (Luthe 2003, 123: „verblüffende Ähnlichkeiten"; alle Schulgesetze der Länder können u.a. aus dem „Deutschen Bildungsserver" des Deutschen Instituts für Internationale pädagogische Forschung/DIPF heruntergeladen werden: www.bildungsserver.de). Im Folgenden soll deshalb in erster Linie auf Gemeinsamkeiten im deutschen Schulrecht eingegangen werden, ohne jedoch wichtige Unterschiede auszublenden.

Exemplarisch und dennoch repräsentativ (Nord/Süd, Ost/West, groß/klein, „Rot"/„Schwarz") wird dabei insbesondere auf wichtige Regelungen in den Schulgesetzen der folgenden vier Länder eingegangen, in denen etwa die Hälfte der deutschen Schülerinnen und Schüler eine Schule besucht:

BayEUG: Bayerisches Gesetz über das Erziehungs- und Unterrichtswesen in der Fassung der Bekanntmachung vom 31.05.2000 (GVBl. 2000, 414), zuletzt geändert durch Gesetz vom 22.07.2014 (GVBl. 2014, 286, 405).

BSchulG: Schulgesetz für das Land Berlin vom 26.01.2004 (GVBl. 2004, 26), zuletzt geändert durch Gesetz vom 15.12.2010 (GVBl. 2010, 549, 560).

HSchulG: Hessisches Schulgesetz (HSchG) in der Fassung vom 14.06.2005, zuletzt geändert durch Gesetz vom 22.05.2014 (GVBl. 2014, 134).

NRW SchulG: Schulgesetz für das Land Nordrhein-Westfalen (SchulG) vom 15.02.2005 (GV. NRW. 2005, 102), zuletzt geändert durch Gesetz vom 17.06.2014 (GV. NRW. 2014, 336).

9.1 Schulpflicht und Recht auf schulische Bildung

9.1.1 Schulpflicht

Mit Ausnahme des Strafvollzugs und der (zwischenzeitlich ausgesetzten) Wehrpflicht gibt es wohl keinen anderen Bereich, in dem der Staat vergleichbar intensiv und ähnlich lang in das Selbstbestimmungsrecht der Menschen eingreift wie im Schulwesen. Die verfassungsrechtliche Rechtfertigung dafür, für die Schulpflicht und zugleich für das Recht des Staates, über Organisation, Bildungsinhalte und Erziehungsziele der Schule zu bestimmen, ergibt sich nach allgemeiner Auffassung aus Art. 7 Abs. 1 GG (Kap. 2.3.2): „Das gesamte Schulwesen steht unter der Aufsicht des Staates." Der umfassende Bildungs- und Erziehungsanspruch des Staates wird von dieser Bestimmung als gegeben vorausgesetzt (Rux/Niehues 2013, 41; auch Handschell 2012), und zugleich wird daraus ein Verfassungsauftrag zur Gewährleistung eines leistungsfähigen Schulwesens abgeleitet. Näheres wird in den Schulgesetzen der Länder geregelt. Zur Schulpflicht im Einzelnen siehe die Übersicht 38 (vgl. Art. 35 ff. BayEUG, §§ 41 ff. BSchulG, §§ 56 ff. HSchulG, §§ 35 ff. NRW SchulG):

Dauer, Beginn und Ende der Schulpflicht (je nach Landesrecht)

Übersicht 38

1. Dauer
1.1 Allgemeine Schulpflicht: 9 oder 10 Jahre
1.2 Berufsschulpflicht: zumeist 3 Jahre

2. Beginn
2.1 Allgemeine Schulpflicht: wenn ein Kind am 30.06., 01.08. oder 30.09. eines Kalenderjahres das 6. Lebensjahr vollendet hat
2.2 bei Schulfähigkeit auf Antrag: ggf. früher
2.3 bei Verzögerung der Schulreife: ggf. später
2.4 Berufsschulpflicht: wenn nach Ende der allgemeinen Schulpflicht ein Berufsausbildungsverhältnis besteht

3. Ende
3.1 Allgemeine Schulpflicht: nach 9 oder 10 Jahren, ggf. auch später
3.2 Berufsschulpflicht (bei Berufsausbildungsverhältnis): bei Beendigung desselben, ggf. über die Vollendung des 18. oder sogar 21. Lebensjahres hinaus

3.3 wenn kein Berufsausbildungsverhältnis: mit Vollendung des 18. Lebensjahres

9.1.2 Recht auf schulische Bildung

Das Schulrecht ist allerdings nicht nur durch Verpflichtungen gekennzeichnet, sondern auch durch staatliche Leistungen und Rechte, wobei die Grenzen zwischen einem belastenden Eingriff aufgrund der Schulpflicht und einer begünstigenden Leistung nicht immer eindeutig gezogen werden können (siehe das plastische Beispiel von Luthe 2003, 16: „Ist das selten spaßige Geräteturnen im Sportunterricht nun der Eingriffs- oder der Leistungsdimension der Schule zuzurechnen?"). Wie auch immer: Der Anspruch von Kindern und Jugendlichen auf Erziehung und Bildung durch Einrichtungen der staatlichen Gemeinschaft ist im Prinzip unbestritten, auch wenn das Bundesverfassungsgericht bisher die Frage offen gelassen hat, ob sich bereits aus dem Grundgesetz ein Grundrecht auf Bildung ergibt (BVerfG 45, 400, 417; 53, 185, 203).

Denn in nahezu allen Landesverfassungen befindet sich ein solches Grundrecht auf Bildung, und insbesondere ist ein Recht auf Bildung und Förderung/Erziehung in den Schulgesetzen der Länder explizit normiert, verbunden mit konkreten einklagbaren Rechtsansprüchen aufgrund von weiteren Regelungen der Schulgesetze (Art. 56 Abs. 1 Satz 2 BayEUG; § 2 Abs. 1 BSchulG; § 1 Abs. 1 HSchulG; § 1 Abs. 1 NRW SchulG). Dieses Recht auf Bildung begründet in jedem Fall einen Anspruch auf Teilhabe an den tatsächlich vorhandenen öffentlichen Bildungseinrichtungen. Grundsätzlich hat jeder junge Mensch auch einen Rechtsanspruch darauf, zu derjenigen Schulart zugelassen zu werden, die seiner Begabung am besten entspricht. Dieses Recht kann allerdings durch – präzise zu regelnde – Zulassungsbeschränkungen aufgrund von Aufnahmekapazitäten und der persönlichen Eignung eingeschränkt sein.

Zugleich ergibt sich aus dem Recht auf Bildung auch eine objektiv-rechtliche Verpflichtung des Staates, ein hinreichend differenziertes Schulsystem zu errichten, in dem den unterschiedlichen Begabungen und Neigungen der einzelnen Schülerinnen und Schüler angemessen Rechnung getragen werden kann (BVerfGE 26, 228,

238; 47, 46, 71; 53, 185, 196; 59, 360, 377; Rux/Niehues 2013, 53 ff., 182 ff.). Andererseits gibt es keinen Anspruch auf Zugang zu einer ganz bestimmten Schule (Luthe 2013, 195 ff., 207).

9.1.3 Weitere Ansprüche auf Förderung und Unterstützung

Übersicht 39: Mögliche weitere Ansprüche auf Förderung und Unterstützung nach Bundesrecht:

1. **Finanzielle Unterstützung nach dem BAföG** (Kap. 8.1 und 8.2)
2. **Leistungen für Bildung und Teilhabe nach SGB II und SGB XII** (Kap. 8.3)
3. **Sonderpädagogische Förderung** (Kap. 11.3.1)
4. **Eingliederungshilfe**
   4.1 bei körperlicher und geistiger Behinderung gemäß §§ 53 ff. SGB XII (Kap. 11.2.3)
   4.2 bei seelischer Behinderung gemäß § 35a SGB VII (Kap. 5.3.2 und 11.2.3)

9.2 Gliederung und Organisation des Schulwesens

9.2.1 Die verschiedenen Schularten

Da das Grundgesetz keinen Maßstab für die Schulorganisation im Einzelnen vorgibt (vgl. BVerfGE 34, 165, 185), haben die Länder einen breiten Gestaltungsspielraum bei der Organisation des Schulwesens. Von daher ist der Schulaufbau in den Ländern unterschiedlich strukturiert und sind verschiedene Schularten/Schulformen eingerichtet worden. Allerdings wird durchgängig der gemeinsame Grundschulbesuch aller Kinder als wesentlicher Integrationsfaktor einer demokratischen Gesellschaft angesehen (Luthe 1013, 127). Folgende Schularten – Übersicht 40 – sind in den Ländern Bayern (Art. 7 ff. BayEUG), Berlin (§§ 20 ff. BSchulG), Hessen (§§ 17 ff. HSchulG) und Nordrhein-Westfalen (§§ 10 ff. NRW SchulG) im Einzelnen landesgesetzlich vorgegeben:

Schularten/-formen bzw. Schulaufbau nach Landesrecht

Übersicht 40

1. Bayern

1.1 Allgemeinbildende Schulen: Grundschule, Mittelschule, Realschule, Gymnasium, Schulen des Zweiten Bildungswegs

1.2 Berufliche Schulen: Berufsschule, Berufsfachschule, Wirtschaftsfachschule, Fachschule, Fachoberschule, Berufsoberschule, Fachakademie

1.3 Förderschulen und Schulen für Kranke: Förderschulen, Schulen für Kranke, Förderschulen und Schulen für Kranke

2. Berlin

2.1 Primarstufe: Grundschule

2.2 Sekundarstufe I: Integrierte Sekundarschule, Gymnasium

2.3 Sekundarstufe II: Gymnasiale Oberstufe, Berufsschule, Berufsfachschule, Fachoberschule, Berufsoberschule, doppelt qualifizierte Bildungsgänge, Fachschule, Oberstufenzentren

2.4 Schulen mit sonderpädagogischem Förderschwerpunkt

2.5 Einrichtungen des Zweiten Bildungswegs zum nachträglichen Erwerb allgemein bildender und beruflicher Abschlüsse

3. Hessen

3.1 Grundstufe (Primarstufe): Grundschule, Vorklassen und Eingangsstufen

3.2 Bildungsgänge der Mittelstufe (Sekundarstufe I): Förderstufe, Hauptschule, Realschule, Verbundene Haupt- und Realstufe, Mittelstufenschule, Gymnasium, Gesamtschule (kooperativ oder integriert)

3.3 Studienqualifizierende Bildungsgänge der Oberstufe (Sekundarstufe II): gymnasiale Oberstufe, berufliche Gymnasien, Fachoberschule

3.4 Berufsqualifizierende Bildungsgänge der Oberstufe (Sekundarstufe II): Berufsschule, Berufsfachschule, Fachschule

3.5 Schule für Erwachsene: Abendhauptschule, Abendrealschule, Abendgymnasien, Hessenkolleg

3.6 Sonderpädagogische Förderung: Inklusive Beschulung in der allgemeinen Schule, Förderschulen

4. Nordrhein-Westfalen

„Schulstruktur": Grundschule, Sekundarstufe I, Erprobungsstufe, Hauptschule, Realschule, Gymnasium, Gesamtschule, Sekundarschule, Gymnasiale Oberstufe, Sonderpädagogische Förderung, Hausunterricht, Schule für Kranke, Berufskolleg, Weiterbildungskolleg, Studienkolleg, Kolleg für AussiedlerInnen.

9.2.2 Schulträgerschaft und Schulaufsicht

Dazu die Übersicht 41 (Luthe 2013, 128 ff., 132 ff.; Rux/Niehuis 2013, 258 ff.):

Schulverwaltung/Schulträgerschaft und Schulaufsicht

Übersicht 41

1. Schulverwaltung/Schulträgerschaft
In den meisten Ländern wird unterschieden zwischen:
1.1 den sog. „inneren Schulangelegenheiten" mit Regelungen betreffend u.a. Schularten, Schulpflicht, Lehrplangestaltung, Anstellung des Lehrpersonals: Schulverwaltung (des jeweiligen Bundeslandes); und
1.2 den sog. „äußeren Schulangelegenheiten" u.a. betreffend Schulbau, Bereitstellung der Sachmittel, Anstellung des nichtpädagogischen Personals: Schulträgerschaft (zumeist des Landkreises, der Stadt oder Gemeinde; außerdem gibt es Schulen in Trägerschaft des Landes und in freier Trägerschaft).

2. Die Schulaufsicht über Schulträger, Schulen und Lehrerschaft erfolgt:
2.1 durch eine je nach Landesrecht zwei- oder dreistufige Schulaufsicht: Oberste Schulaufsichtsbehörde (Schul- oder Kultusministerium/Senatsverwaltung) sowie obere und/oder untere Schulaufsichtsbehörden (Oberschulämter/Bezirksregierungen/Regierungspräsidien bzw. Schulämter/Schulaufsichtsämter),
2.2 wobei die Schulaufsicht „hierarchisch" organisiert ist mit Weisungsbefugnissen „von oben nach unten"; und zwar mit den folgenden
2.3 Aufsichtsfunktionen im Einzelnen:
  2.3.1 Fachaufsicht: durch allgemeine, für die nachgeordnete(n) Verwaltungsebene(n) verbindliche Verwaltungsvorschriften („Erlasse") und Weisungen im Einzelfall sowie fachliche Beratung;

2.3.2 Rechtsaufsicht: durch Kontrolle der Rechtmäßigkeit des Verwaltungshandelns u. a. der (kommunalen) Schulträger;
2.3.3 Dienstaufsicht: über das pädagogische Personal der Schulen.

9.2.3 Schulhoheit und Privatschulfreiheit

§ 7 Abs. 4 Satz 1 GG lautet: „Das Recht zur Errichtung von privaten Schulen wird gewährleistet." Dies entspricht dem Gedanken einer pluralistisch verfassten Demokratie, und damit genießen die Privatschulen prinzipiell den gleichen Stellenwert wie die staatlichen Schulen (Institut für Bildungsforschung und Bildungsrecht 2012). Zugleich haben die Privatschulen trotz Schulhoheit des Staates einen verfassungsrechtlich verbürgten Anspruch auf staatliche finanzielle Förderung (BVerfGE 75, 40, 63, 67). Privatschulen sind wesentlicher Bestandteil des Schulwesens der Bundesrepublik Deutschland (Avenarius et. al. 2012).

9.3 Rechtsstellung von Schülern, Eltern und Lehrern

Aus dem breiten Spektrum der hier relevanten Probleme und Rechtsfragen kann – in den drei Übersichten 42, 43, 44 – stichwortartig nur auf einige zentrale Aspekte eingegangen werden (Luthe 2003, 144 ff.; Rux/Niehuis 2013, 180 ff.; Institut für Bildungsforschung und Bildungsrecht/DIPF 2013 und 2014); zum Recht auf Bildung siehe Kap. 9.1.2.

9.3.1 Schülerinnen und Schüler

Wichtige Rechtspositionen von Schülerinnen und Schülern

Übersicht 42

1. **Als Konkretisierung von Grundrechten:**
1.1 freie Wahl der Ausbildungsstätte (aufgrund Art. 12 Abs. 1 GG): bezogen auf eine bestimmte Schulform, nicht auf eine bestimmte Schule;
1.2 Recht auf Toleranz im Intimbereich (aufgrund Art. 4 GG – Glaubens- und Gewissensfreiheit);

1.3 Rechte auf Meinungs- und Pressefreiheit (z. B. Herausgabe von Schülerzeitungen – Art. 5 Abs. 1 und 2 GG – im Einklang mit der schulischen Zweckbestimmung);
1.4 Schülerstreiks, Unterrichtsboykott und Demonstrationen nur in sehr engen Grenzen und unter ganz besonderen Voraussetzungen (aufgrund von Art. 8 GG Versammlungsfreiheit).

2. **Rechte, entsprechend dem Alter (z. B. aufgrund von Art. 56 Abs. 2 BayEUG, §§ 42 ff. NRW SchulG)**
2.1 sich am Schulleben zu beteiligen,
2.2 Auskunft über den Leistungsstand und Hinweise auf eine Förderung zu erhalten; sich bei als ungerecht empfundener Behandlung oder Beurteilung an Lehrkräfte/Schulleitung zu wenden.

3. **Schülermitwirkung nach Maßgabe der Landesschulgesetze:** als Klassensprecher, Schülersprecher, ggf. in Schulausschuss, Schulkonferenz, Landesschülerrat.

4. **Datenschutz nach Maßgabe der Landesdatenschutzgesetze:** Schutzanspruch gegen nicht erforderliche und nicht verhältnismäßige Erhebung, Speicherung, Verwendung und Weitergabe von persönlichen Daten.

5. **Durchsetzung von Rechten vor dem Verwaltungsgericht:**
5.1 möglich bei Rechten aus dem (grundrechtsrelevanten) sog. „Grundverhältnis" des Schülers/der Schülerin, z. B. bei (Nicht)-Versetzungsentscheidungen, Ordnungsmaßnahmen;
5.2 grundsätzlich nicht im sog. „Betriebsverhältnis" (Sphäre des laufenden Schulbetriebs), z. B.: Unterrichtsgestaltung des Lehrers, kurzfristige Verweisung aus dem Klassenzimmer.

9.3.2 Eltern

Wichtige Rechtspositionen von Eltern

Übersicht 43

1. **Individuelle Elternrechte als Konkretisierung von Art. 6 Abs. 2 Satz 1 GG:**
1.1 Wahlrecht zwischen den vom Staat zur Verfügung gestellten Schulformen
1.2 Recht auf Information über Leistungen des Kindes, über umstrittene Unterrichtsinhalte (z. B. Sexualkunde), auf Vermeidung von Indoktrination im Unterricht; Recht auf Entscheidung über Teilnahme ihres Kindes am Religionsunterricht

1.3 Recht auf Information und Beratung über wichtige Schulangelegenheiten, z. B. gemäß § 72 Abs. 1 HSchulG über Aufbau und Gliederung der Schule und der Bildungsgänge, die Übergänge zwischen den Bildungsgängen, die Abschlüsse und Berechtigungen einschließlich der Zugänge zu den Berufen, Grundzüge der Planung und Gestaltung des Unterrichts, Grundzüge der Unterrichtsinhalte und -ziele sowie der Leistungsbewertungen

2. **Kollektive Elternrechte aufgrund der Landesschulgesetze,** etwa auf Mitwirkung in Klassenelternschaften, Elternbeiräten, Schulelternräten, Schulkonferenzen, Gemeinde-, Stadt-, Kreis- und Landeselternräten

9.3.3 Lehrerinnen und Lehrer

Wichtige Rechte und Pflichten von Lehrerinnen und Lehrern

Übersicht 44

1. **Rechte aus dem Beamtenverhältnis (ähnlich bei Angestellten im öffentlichen Dienst) u. a.**
1.1 auf Fürsorge, Dienstbezüge (ggf. Beihilfe), Beamtenversorgung u. a. nach den Landesbeamtengesetzen (Tarifverträgen)
1.2 Rechte im Verhältnis zu Eltern, Schülern und Vorgesetzten nach den Landesschulgesetzen

2. **Pflichten aus dem Beamtenverhältnis (teilweise anders bei Angestellten im öffentlichen Dienst):**
2.1 Treue- und Verschwiegenheitsflichten
2.2 Pflicht zur Unterrichtserteilung im Rahmen der Lehrbefähigung, zur Wahrung politischer, weltanschaulicher und religiöser Neutralität, Fortbildung, Aufsicht über die Schüler/innen
2.3 Verbot von Streiks und Annahme von Geschenken und sonstigen Leistungen, Verbot sexueller Beziehungen zu Schülern/innen

3. **Pädagogische Freiheit** (dazu Fall 9.4)

Literatur

Avenarius, H., Pieroth, B., Barczak, T. (2012): Die Herausforderung des öffentlichen Schulwesens durch private Schulen – eine Kontroverse
Deutsches Institut für Internationale pädagogische Forschung (DIPF) (2014): Deutscher Bildungsserver. In: www.bildungsserver.de, 24.02.2015

Handschell, T. (2012): Die Schulpflicht vor dem Grundgesetz. Geschichte der Schulpflicht und ihre verfassungsrechtliche Bewertung vor dem Hintergrund des sogenannten Homeschooling

Institut für Bildungsforschung und Bildungsrecht e. V. (2012): Öffentliche Schulen in staatlicher und freier Trägerschaft

Institut für Bildungsforschung und Bildungsrecht e. V./Deutsches Institut für Internationale pädagogische Forschung (2013): Zur Rechtsstellung der Lehrkräfte – heute

Institut für Bildungsforschung und Bildungsrecht e. V./Deutsches Institut für Internationale pädagogische Forschung (2014): Zur Rechtsstellung der Schülerinnen und Schüler – heute

Luthe, E.-W. (2003): Bildungsrecht

Rux, J., Niehues, N. (2013): Schulrecht

9.4 Fall: Schülerleben

1. M ist jetzt fünf Jahre alt geworden und für sein Alter recht weit entwickelt. Er möchte gerne so schnell wie möglich in die Schule gehen. Ist dies möglich, obwohl in seinem Bundesland die Schulpflicht erst mit sechs Jahren beginnt?
2. M wohnt mit seinen Eltern im Stadtteil A. Können sie M dennoch in der Grundschule im Stadtteil B anmelden, weil sie diese Schule für besser geeignet halten?
3. M ist jetzt zehn Jahre alt und besucht das Gymnasium. Können seine Eltern und er von den Lehrern Auskunft darüber verlangen, auf welcher Basis die Schulleistungen von M bewertet werden?
4. M ist jetzt 14 Jahre alt und nicht von der 9. in die 10. Klasse versetzt worden, nachdem er in fünf Fächern eine „Fünf" erhalten hat. M hält dies für ungerecht. Kann er dagegen klagen?
5. M hat sich in der Folgezeit schulisch stark verbessert und ist jetzt Schüler der Oberstufe. M's Lehrer K hat die „komische Angewohnheit", dass K am Anfang jeder Schulstunde den Stoff der vergangenen Stunde und am Ende jeder Schulstunde den Stoff dieser Stunde wiederholt und zugleich alle drei bis vier Wochen einen Test schreiben lässt mit dem Ziel, den Unterrichtsstoff zu „festigen". M findet dies langweilig und überflüssig. Nach Auffassung von M kommt K außerdem nicht zügig genug im Stoff voran. Kann man dagegen etwas unternehmen?
6. An M's Schule ist Frau Y als Lehrerin tätig. Sie ist gläubige Muslimin und möchte jetzt auch im Unterricht Kopftuch tragen. Kann ihr dies untersagt werden?

10 Berufliche Bildung und berufliche Weiterbildung nach dem SGB III

von Jürgen Sauer

Während Leistungen nach dem BAföG der Förderung der schulischen Bildung und der Hochschulausbildung dienen, zielen die Leistungen des 3. und 4. Abschnitts im Dritten Kapitel des SGB III auf die Förderung der beruflichen Bildung und der beruflichen Weiterbildung ab.

10.1 Berufswahl und Berufsausbildung

10.1.1 Förderung von Berufswahl und Berufsausbildung nach dem SGB III

Der Dritte Abschnitt des Dritten Kapitels des SGB III „Berufswahl und Berufsausbildung" sieht eine fast verwirrende Vielfalt von Leistungen vor, die aus Übersicht 45 ersichtlich sind:

> **Leistungen zur Berufswahl und Berufsausbildung, mit dem Ziel:**
>
> *Übersicht 45*
>
> 1. den **Übergang** von der Schule in die Berufsausbildung zu erleichtern (§§ 48 bis 50 SGB III),
>
> 2. auf die **Aufnahme** einer Berufsausbildung vorzubereiten (§§ 51 bis 55 SGB III),
>
> 3. den **Lebensunterhalt** während einer berufsvorbereitenden Bildungsmaßnahme oder einer Berufsausbildung durch Gewährung einer „Berufsausbildungsbeihilfe" (§§ 56 bis 72 SGB III) sicherzustellen,
>
> 4. die **Berufsausbildung** behinderter oder besonders förderungsbedürftiger junger Menschen zu ermöglichen (§§ 73 bis 80 SGB III),
>
> 5. **Träger von Jugendwohnheimen** zu fördern (§§ 80a und 80b SGB III).

10.1.2 Leistungen

Die Leistungen im Einzelnen sind an den in Kap. 10.1.1 skizzierten Phasen von Berufswahl und Berufsausbildung orientiert. Bis auf die Berufsausbildungsbeihilfe (§§ 56 ff. SGB III) handelt es sich um Ermessensleistungen der Bundesagentur für Arbeit.

Im Übergang von der Schule in die Berufsausbildung können Schüler/innen allgemeinbildender Schulen bei der Berufsorientierung und der Berufswahlvorbereitung durch Berufsorientierungsmaßnahmen (§ 48 SGB III) oder durch Maßnahmen der Berufseinstiegsbegleitung (§ 49 SGB III) und Übernahme von max. 50 % der Maßnahmenkosten gefördert werden.

Berufsorientierungsmaßnahmen haben das Ziel, dass Schülerinnen und Schüler sich frühzeitig mit der Berufswahl auseinandersetzen, dadurch ihre Chancen realistischer einschätzen und somit Fehlentscheidungen (z. B. durch das Festhalten an einem unrealistischen Berufswunsch) möglichst vermeiden können. Berufsorientierungsmaßnahmen reichen von einer Potenzialanalyse über die Erkundung eigener Interessen in überbetrieblichen Werkstätten bis hin zu stärkenorientierten Feedbackgesprächen.

Die Berufseinstiegsbegleitung ist eine individuelle sozialpädagogische Begleitung von Schülerinnen und Schülern durch Berufseinstiegsbegleiter/innen. Förderungsbedürftig ist, wer voraussichtlich Schwierigkeiten haben wird, den Abschluss der allgemein bildenden Schule zu erreichen und/oder den Übergang in eine Berufsausbildung zu bewältigen. Diese Maßnahmen sollen bereits in den schulischen Vorabgangsklassen durchgeführt werden.

Berufsvorbereitende Bildungsmaßnahmen zielen auf junge Menschen ohne berufliche Erstausbildung, die ihre Vollzeitschulpflicht erfüllt haben, eine Berufsausbildung anstreben und entweder noch nicht über die erforderliche Ausbildungsreife oder Berufseignung verfügen oder denen die Aufnahme einer Ausbildung wegen fehlender Übereinstimmung zwischen den Anforderungen des Ausbildungsmarktes und dem persönlichen Bewerberprofil nicht gelungen ist. Sie werden durch Übernahme der Maßnahmenkosten gefördert (§ 54 SGB III).

Die betriebliche Einstiegsqualifizierung (§ 54a SGB III) stellt ein weiteres Instrument der Berufsvorbereitung dar. Sie dient der Vermittlung von Grundlagen für den Erwerb beruflicher Handlungsfähigkeit. Die Inhalte der Einstiegsqualifizierung orientieren sich an den Inhalten anerkannter Ausbildungsberufe (vgl. § 4 BBiG, § 25 HwO und dem AltPflG). Zielgruppen sind Ausbildungsbewerberinnen und -bewerber mit individuell eingeschränkten Vermittlungsperspektiven, Ausbildungssuchende, die noch nicht in vollem Umfang über die erforderliche Ausbildungsbefähigung verfügen oder lernbeeinträchtigte und sozial benachteiligte Ausbildungssuchende. Gefördert werden hier Arbeitgeber, die eine betriebliche Einstiegsqualifizierung durchführen (§ 54a Abs.1 SGB III). Von besonderer Bedeutung ist die Berufsausbildungsbeihilfe; dazu die Übersicht 46:

> **Im Rahmen der Berufsausbildungsbeihilfe sind gemäß §§ 56 ff. SGB III förderungsfähig:**
>
> – die betriebliche oder außerbetriebliche Berufsausbildung in einem nach dem BBiG, der HandwO oder dem Seearbeitsgesetz staatlich anerkannten Ausbildungsberuf,
> – die betriebliche Ausbildung nach dem Altenpflegegesetz (AltPflG) oder
> – die Teilnahme an berufsvorbereitenden Bildungsmaßnahmen.
>
> – **Und zwar jeweils:**
> – als erste Berufsausbildung (§ 57 Abs. 2 S. 1 SGB III); ggf. mit erneuter Förderung bei berechtigtem Grund (§ 57 Abs. 3 SGB III);
> – ggf. als zweite Berufsausbildung nach Ermessen des Leistungsträgers (§ 57 Abs. 2 S. 2 SGB III).

Übersicht 46

Mit Blick auf bestimmte, in besonderer Weise förderungsbedürftige Personengruppen ist des Weiteren die Förderung der Berufsausbildung möglich; dazu die Übersicht 47:

> **Förderungsfähige Berufsausbildungen und Personenkreise nach den §§ 73 ff. SGB III**
>
> 1. **Berufsausbildung und Arbeitsaufnahme behinderter Menschen** durch Ausbildungs- oder Eingliederungszuschüsse an Arbeitgeber (§ 73 SGB III)
>
> 2. **Ausbildung förderungsbedürftiger junger Menschen** durch ausbildungsbegleitende Hilfen mit Zuschüssen an die Maßnahmenträger (§ 79 Abs. 1 Nr. 1 SGB III)

Übersicht 47

3. **Durchführung einer außerbetrieblichen Berufsausbildung** durch Übernahme der Maßnahmenkosten und durch Zuschüsse zur Ausbildungsvergütung (§ 79 Abs. 1 Nr. 2 SGB III)

10.1.3 Persönliche Voraussetzungen für die Leistungsgewährung

Die meisten Fördermaßnahmen setzen keinen Versichertenstatus, allerdings eine individuelle Förderfähigkeit voraus; zur Berufsausbildungsbeihilfe siehe dazu Übersicht 48:

Persönliche Voraussetzungen für einen Anspruch auf Berufsausbildungsbeihilfe

Übersicht 48

1. Die Berufsausbildung ist förderungsfähig (§ 57 SGB III),

2. der/die Auszubildende gehört zum förderungsfähigen Personenkreis (§ 59 SGB III),

3. die sonstigen persönlichen Voraussetzungen für eine Förderung (gemäß § 60 SGB III) sind erfüllt und

4. dem/der Auszubildenden stehen die erforderlichen Mittel zur Deckung des Bedarfs für den Lebensunterhalt, die Fahrkosten und die sonstigen Aufwendungen (Gesamtbedarf) nicht anderweitig zur Verfügung.

Zum förderungsfähigen Personenkreis gehören gemäß § 59 Abs. 1 SGB III i. V.m. § 8 Abs. 1 Nrn. 1 bis 5 BAföG Deutsche im Sinne des Grundgesetzes und Unionsbürger mit Recht auf Daueraufenthalt im Sinne des Freizügigkeitsgesetzes/EU, ggf. auch Ehegatten oder Lebenspartner und Kinder von Unionsbürgern. Für andere Ausländer gelten zusätzliche, zum Teil engere Voraussetzungen nach § 8 BAföG.

Wesentlicher Anknüpfungspunkt für die Bedarfsermittlung im Bereich der Berufsausbildungsbeihilfe ist die Unterbringungssituation des oder der Auszubildenden (siehe im Einzelnen §§ 61 ff. SGB III). Lebt er oder sie im elterlichen Haushalt, so wird grundsätzlich kein Bedarf anerkannt. Bei einer Unterbringung außerhalb des Haushalts der Eltern oder eines Elternteils wird der jeweils geltende Bedarf für Studierende nach § 13 Abs. 1 Nr. 1 BAföG zuzüglich eines Betrages in Höhe von 149 € monatlich für die Unterkunft anerkannt. Ist die oder der Auszubildende bei dem Ausbildenden mit voller Verpflegung untergebracht, so werden als Bedarf für den Lebensunterhalt die Werte der Sozialversicherungsentgeltverordnung für Verpflegung und Unterbringung, bei Unterbringung mit voller Verpflegung in einem Wohnheim oder einem Internat die im Rahmen der §§ 78a bis 78g SGB VIII vereinbarten Entgelte für Verpflegung und Unterbringung – jeweils zuzüglich 90 € monatlich für sonstige Bedürfnisse – zu Grunde gelegt.

Der Bedarf für den Lebensunterhalt bei berufsvorbereitenden Bildungsmaßnahmen wird auch bei einer Unterbringung im Haushalt der Eltern oder eines Elternteils in Höhe des jeweils geltenden Bedarfs für Schülerinnen und Schüler nach § 12 Abs. 1 Nr. 1 BAföG anerkannt. Bei einer Unterbringung außerhalb des Haushalts der Eltern oder eines Elternteils werden als Bedarf für den Lebensunterhalt 391 € monatlich zu Grunde gelegt zuzüglich maximal 74 € für Unterkunft. Bei Unterbringung in einem Wohnheim oder einem Internat mit Vollverpflegung wird der Bedarf wie bei Auszubildenden in betrieblicher oder überbetrieblicher Ausbildung anerkannt. Wer als Arbeitsloser zu Beginn einer berufsvorbereitenden Bildungsmaßnahme anderenfalls Anspruch auf Arbeitslosengeld gehabt hätte, der höher ist als die hier zu Grunde gelegten Bedarfe, hat Anspruch auf Berufsausbildungsbeihilfe in Höhe des Arbeitslosengeldes (§ 70 SGB III).

Hinzu kommen der Bedarf für Fahrkosten für Fahrten zwischen Unterkunft, Ausbildungsstätte und Berufsschule oder für Familienheimfahrten (vgl § 63 SGB III) sowie sonstige Aufwendungen (Pauschale für Kosten der Arbeitskleidung, gegebenenfalls Kranken- und Pflegeversicherungsbeiträge oder Kinderbetreuungskosten, vgl. § 64 SGB III).

Bei Unterbringung außerhalb des Elternhauses muss hinzukommen, dass die Ausbildungsstätte von der Wohnung der Eltern oder eines Elternteils aus nicht in angemessener Zeit erreicht werden kann (§ 60 Abs. 1 SGB III). Hiervon ausgenommen sind u.a. volljährige Auszubildende oder Minderjährige, die aus schwerwiegenden sozialen Gründen nicht auf die Wohnung der Eltern oder des Elternteils verwiesen werden können (§ 60 Abs. 2 SGB III).

Zur Anrechnung von Einkommen auf den Gesamtbedarf gemäß § 67 Abs. 1 SGB III siehe die Übersicht 49:

> **Anrechnung von Einkommen in dieser Reihenfolge:**
>
> 1. der/des Auszubildenden,
> 2. der Person, mit der die/der Auszubildende verheiratet oder in einer Lebenspartnerschaft verbunden ist und von der sie/er nicht dauernd getrennt lebt, und
> 3. der Eltern der/des Auszubildenden.

Übersicht 49

Dabei gelten § 11 Abs. 4 BAföG sowie die Vorschriften des Vierten Abschnitts des BAföG mit den hierzu ergangenen Rechtsverordnungen – mit in § 67 Abs. 2 SGB III enthaltenen Modifikationen – entsprechend.

10.2 Berufliche Weiterbildung

Leistungen zur beruflichen Weiterbildung nach den §§ 81 ff. sowie den §§ 180 ff. SGB III zielen insbesondere darauf ab, Arbeitnehmerinnen und Arbeitnehmer bei Arbeitslosigkeit beruflich einzugliedern und Arbeitslosigkeit zu beenden, drohende Arbeitslosigkeit abzuwenden oder den Erwerb eines Berufs- oder Hauptschulabschlusses zu ermöglichen.

10.2.1 Förderungsfähige Weiterbildungen

Eine allgemeine Umschreibung von Maßnahmen der beruflichen Weiterbildung erfolgt im Fünften Kapitel des SGB III über die Zulassung von Trägern und Maßnahmen; vgl. § 180 Abs. 1 i.V m. §§ 81 und 82 SGB III sowie die Übersicht 50:

> **Anforderungen an Maßnahmen der beruflichen Weiterbildung**
>
> *Übersicht 50*
>
> **1. Durch diese sollen**
> 1.1 berufliche Fertigkeiten, Kenntnisse und Fähigkeiten erhalten, erweitert, der technischen Entwicklung angepasst oder ein beruflicher Aufstieg ermöglicht,
> 1.2 ein beruflicher Abschluss vermittelt oder
> 1.3 zu einer anderen beruflichen Tätigkeit befähigt werden.
>
> **2. Bei angestrebter Vorbereitung auf den nachträglichen Erwerb eines Hauptschulabschlusses (§§ 81 Abs. 3, 180 SGB III)**
> 2.1 darf auch Wissen vermittelt werden, das dem von allgemeinbildenden Schulen angestrebten Bildungsziel oder den berufsqualifizierenden Studiengängen an Hochschulen oder ähnlichen Bildungsstätten entspricht, und
> 2.2 es dürfen überwiegend nicht berufsbezogene Inhalte vermittelt werden.

10.2.2 Leistungen

Arbeitnehmerinnen und Arbeitnehmer können bei einer beruflichen Weiterbildungsmaßnahme durch die Übernahme der Weiterbildungskosten gefördert werden. Die Kostenübernahme steht im Ermessen des Leistungsträgers (§ 81 Abs. 1 S. 1 SGB III). Auf die Übernahme der Weiterbildungskosten zum nachträglichen Erwerb des Hauptschulabschlusses oder eines gleichwertigen Schulabschlusses besteht ein Rechtsanspruch, wenn Arbeitnehmerinnen und Arbeitnehmer die Voraussetzungen für die Förderung der beruflichen Weiterbildung erfüllen und zu erwarten ist, dass sie an der Maßnahme erfolgreich teilnehmen werden (§ 81 Abs. 3 SGB III). Das Vorliegen der Voraussetzungen für eine Förderung wird durch einen Bildungsgutschein bescheinigt (§ 81 Abs. 4 S. 1 SGB III). Zu Art und Umfang der förderfähigen Weiterbildungskosten siehe Übersicht 51:

> **Förderfähige Weiterbildungskosten sind gemäß §§ 83 ff. SGB III die durch die Weiterbildung unmittelbar entstehenden**
>
> 1. Lehrgangskosten und Kosten für die Eignungsfeststellung,
> 2. Fahrkosten,
> 3. Kosten für auswärtige Unterbringung und Verpflegung,
> 4. Kosten für die Betreuung von Kindern.
>
> *Übersicht 51*

Soweit die Weiterbildung im Rahmen eines bestehenden Arbeitsverhältnisses durchgeführt wird, können Arbeitgeber im Rahmen der beruflichen Weiterbildung von Arbeitnehmerinnen und Arbeitnehmern, bei denen die Notwendigkeit der Weiterbildung wegen eines fehlenden Berufsabschlusses anerkannt ist, durch Zuschüsse zum Arbeitsentgelt gefördert werden (§ 81 Abs. 5 SGB III).

10.2.3 Persönliche Voraussetzungen für die Leistungsgewährung

Die Voraussetzungen für eine Förderung von Arbeitnehmerinnen und Arbeitnehmern bei beruflicher Weiterbildung ergeben sich aus § 81 SGB III sowie aus Übersicht 52:

> **Voraussetzungen für die Übernahme von Weiterbildungskosten sind,**
>
> 1. **dass die Weiterbildung notwendig ist,**
> 1.1 um Arbeitnehmer/innen bei Arbeitslosigkeit beruflich einzugliedern,
> 1.2 eine ihnen drohende Arbeitslosigkeit abzuwenden oder
> 1.3 weil bei ihnen wegen fehlenden Berufsabschlusses die Notwendigkeit der Weiterbildung anerkannt ist;
>
> 2. **die Agentur für Arbeit sie vor Beginn der Teilnahme beraten hat und**
>
> 3. **die Maßnahme und der Träger der Maßnahme für die Förderung zugelassen sind.**
>
> *Übersicht 52*

(Drohende) Arbeitslosigkeit allein begründet noch nicht die Notwendigkeit einer Weiterbildung. Es müssen Qualifikationsdefizite vorliegen, die durch die Teilnahme an der Weiterbildung abgebaut werden und die mit Blick auf die zu erwartenden Beschäftigungsmöglichkeiten zu einer beruflichen Integration in den ersten Arbeitsmarkt führen (Geschäftsanweisung „Berufliche Weiterbildung" der Bundesagentur für Arbeit unter 81.11). Die Notwendigkeit der Weiterbildung bei Arbeitnehmerinnen und Arbeitnehmern wegen fehlenden Berufsabschlusses wird dann anerkannt (§ 81 Abs. 2 SGB III), wenn sie

- über einen Berufsabschluss verfügen, jedoch auf Grund einer mehr als vier Jahre ausgeübten Beschäftigung in an- oder ungelernter Tätigkeit eine dem Berufsabschluss entsprechende Beschäftigung voraussichtlich nicht mehr ausüben können, oder
- nicht über einen Berufsabschluss verfügen, für den nach bundes- oder landesrechtlichen Vorschriften eine Ausbildungsdauer von mindestens zwei Jahren festgelegt ist; sind sie noch nicht drei Jahre ohne Berufsabschluss beruflich tätig gewesen, können sie nur gefördert werden, wenn eine Berufsausbildung oder eine berufsvorbereitende Bildungsmaßnahme aus in ihrer Person liegenden Gründen nicht möglich oder nicht zumutbar ist.

Es besteht ein Anspruch von Arbeitnehmerinnen und Arbeitnehmern auf Übernahme der Weiterbildungskosten zum nachträglichen Erwerb des Hauptschulabschlusses oder eines gleichwertigen Schulabschlusses, wenn sie die Voraussetzungen für die Förderung der beruflichen Weiterbildung erfüllen und zu erwarten ist, dass sie an der Maßnahme erfolgreich teilnehmen werden.

10.3 Zuständigkeiten, Verfahren, Anspruchsübergang

10.3.1 Zuständigkeiten

Die Bundesagentur für Arbeit ist der für die Durchführung der Aufgaben nach dem SGB III zuständige Verwaltungsträger (§ 368 Abs. 1 S. 1 SGB III). Die Agenturen für Arbeit als örtliche Verwaltungsebene der Bundesagentur für Arbeit (§ 367 Abs. 2 S. 1 SGB III) sind für die Erbringung von Leistungen der Arbeitsförderung sachlich zuständig (§ 19 Abs. 2 SGB I). Zur örtlichen Zuständigkeit der Agentur für Arbeit siehe Übersicht 53:

> **Örtlich zuständige Agentur für Arbeit ist**
>
> 1. für Leistungen an Arbeitnehmerinnen und Arbeitnehmer (z. B. für die Gewährung von Berufsausbildungsbeihilfe) die Agentur für Arbeit am Wohnsitz der Arbeitnehmerin/des Arbeitnehmers;
>
> 2. für Leistungen an Arbeitgeber (z. B. für Lohnkostenzuschüsse zur Ausbildungsvergütung behinderter Menschen) die Agentur, in deren Bezirk der Betrieb des Arbeitgebers liegt;
>
> 3. für Leistungen an Träger von Maßnahmen die Agentur, in deren Bezirk das Projekt oder die Maßnahme durchgeführt werden.

10.3.2 Verfahren

Für das Verwaltungsverfahren gelten grundsätzlich die Regelungen des SGB X (Kap. 4.2) mit Ergänzungen in den §§ 323 ff. SGB III. Über die Leistungen nach dem SGB III wird gemäß § 323 Abs. 1 S. 1 SGB III auf Antrag entschieden. Leistungen werden erst ab Antrag erbracht; Leistungen der Berufsausbildungsbeihilfe können auch nachträglich bewilligt werden (§§ 324 Abs. 2 S. 1, 325 Abs. 1 SGB III). Zur Erbringung von Leistungen von Amts wegen (gemäß § 323 Abs. 1 S. 3 und 4 SGB III) siehe die Übersicht 54:

> **Erbringung von Leistungen von Amts wegen ist möglich mit Zustimmung der Berechtigten bei**
>
> 1. Leistungen der Berufsausbildungsbeihilfe während der ersten Berufsausbildung u. a.,
>
> 2. einer Leistung zur Vorbereitung auf den nachträglichen Erwerb des Hauptschulabschlusses u. a.,
>
> 3. dem nachträglichen Erwerb des Hauptschulabschlusses oder eines gleichwertigen Schulabschlusses.

Im Rahmen des Verwaltungsverfahrens besteht neben den Mitwirkungspflichten der Leistungsberechtigten nach den §§ 60 ff. SGB I eine Mitwirkungs- und Auskunftspflicht der Arbeitgeber und Träger, bei denen eine Maßnahme der beruflichen Aus- und Weiterbildung durchgeführt wurde oder wird, über Tatsachen, die für die Rechtmäßigkeit der Leistung relevant sind (§ 318 SGB III). Über Anträge nach dem SGB III wird durch Verwaltungsakt entschieden (Kap. 4.2.1). Der Bescheid bedarf einer Begründung (§ 35 SGB X). Bei Ermessensentscheidungen sind die wesentlichen Gesichtspunkte für die Ausübung des Ermessens nachvollziehbar anzugeben (§ 35 Abs. 1 S. 3 SGB X).

Über Rechtsstreitigkeiten in Angelegenheiten der Arbeitsförderung entscheiden die Sozialgerichte (§ 51 Abs. 1 Nr. 4 SGG). Vor Erhebung einer Anfechtungs- oder Verpflichtungsklage ist gemäß § 78 SGG ein Vorverfahren (Widerspruchsverfahren) durchzuführen.

10.3.3 Anspruchsübergang

Zum Anspruchsübergang siehe Kap. 8.2.3. Auch die Agentur für Arbeit kann gemäß § 332 SGB III durch schriftliche Anzeige an die leistungspflichtige Person einen Übergang von Ansprüchen bewirken, etwa wenn ein Erstattungsanspruch gegen den Empfänger einer Leistung besteht (etwa aus § 328 Abs. 3 SGB III – Erstattung einer vorläufigen Leistung), oder nach vorangegangener Aufhebung eines Verwaltungsakts bzw. einer Leistung ohne Verwaltungsakt gemäß § 50 Abs. 1 und 2 SGB X.

Literatur

Brücke in die Berufsausbildung. Betriebliche Einstiegsqualifizierung (EQ). Stand: September 2014. In: www.arbeitsagentur.de/web/wcm/idc/groups/public/documents/webdatei/mdaw/mdk2/~edisp/l6019022dstbai382599.pdf, 24.02.2015

Fachkonzept Berufseinstiegsbegleitung im Auftrag der Bundesagentur für Arbeit. Stand: September 2011. In: www.bildungsketten.de/media/Fachkonzept_fuer_die_Berufseinstiegsbegleitung.pdf, 24.02.2015

Fachkonzept der BA für berufsvorbereitende Bildungsmaßnahmen nach §§ 51 ff. SGB III. Stand: November 2012. In: www.arbeitsagentur.

de/web/wcm/idc/groups/public/documents/webdatei/mdaw/mta1/
~edisp/l6019022dstbai433408.pdf, 24.02.2015
Geschäftsanweisung „Berufliche Weiterbildung" der Bundesagentur für Arbeit. Stand: April 2013. In: www.arbeitsagentur.de/web/wcm/idc/groups/public/documents/webdatei/mdaw/mtay/~edisp/l6019022dstbai408410.pdf?_ba.sid=L6019022DSTBAI408413, 24.02.2015
Hantel, P. (2014) : Aus- und Weiterbildungsdienstleistungen nach dem SGB und der tarifliche Mindestlohn. Neue Justiz (NJ) Heft 2/2014, 57–61
Klerks, U. (2013): Die Abgrenzung von Ausbildung und Weiterbildung. Anwalt/Anwältin im Sozialrecht (ASR) Heft 5/2013, 209–219

10.4 Fall: Berufsausbildungsbeihilfe für F

Die gerade 17 Jahre alt gewordene F (deutsche Staatsangehörige) lebt seit dem frühen Kindesalter bei ihrer Großmutter, die F seit dem Tod ihres Vaters auch finanziell unterstützt. Ihre mittellose und Leistungen nach dem SGB II beziehende Mutter (Regelleistung 391 € zuzüglich 400 € für die Kosten der Unterkunft und Heizung), die die alleinige elterliche Sorge hat, hat sich seit Jahren nicht um sie gekümmert. Immerhin hat sie F dazu ermächtigt, einen dreijährigen Ausbildungsvertrag über eine Ausbildung zur Gärtnerin (Fachrichtung Garten- und Landschaftsbau) zu unterschreiben, und auch zugestimmt, dass F eine Wohngemeinschaft mit einer anderen (volljährigen) Auszubildenden gründet (Mietanteil: 250 €). F erhält im 1. Ausbildungsjahr eine Ausbildungsvergütung in Höhe von 620 €. Nach Umzug und Aufnahme der Ausbildung rät ihr Ausbilder ihr, einen Antrag auf Zahlung von Berufsausbildungsbeihilfe zu stellen. F findet, dass sich ein Versuch lohne und stellt den Antrag bei der zuständigen Agentur für Arbeit. Nach einem Gespräch mit der Leistungssachbearbeiterin, in dem F auch nach der Wohnung ihrer Mutter gefragt worden war, wird die Leistungsgewährung durch Verwaltungsakt abgelehnt. Zur Begründung wird ausgeführt, dass die Ausbildungsstelle von der Wohnung ihrer Mutter in angemessener Zeit erreichbar sei. F würde damit nicht die sonstigen persönlichen Voraussetzungen für die Leistung von Berufsausbildungsbeihilfe erfüllen. F findet die Begründung eine Zumutung und legt Widerspruch ein. Beurteilen Sie die Erfolgsaussichten des Widerspruchs!

11 Bildung für behinderte junge Menschen

Bildungsrechtliche Vorschriften für behinderte junge Menschen gibt es – als Ergänzung der jeweiligen allgemeinen Regelungen – u. a. im Rehabilitationsrecht nach dem SGB und im Schulrecht der Länder.

11.1 Leistungen zur Teilhabe nach dem SGB

Das Rehabilitationsrecht nach dem SGB besteht aus Teil 1 des SGB IX mit allgemeinen Vorschriften für alle Rehabilitationsbereiche sowie besonderen Regelungen insbesondere nach SGB III, V, VI, VII, VIII sowie XII. Für das Verhältnis von SGB IX zu den anderen Büchern des SGB bestimmt § 7 SGB IX, dass die Vorschriften des SGB IX für die Leistungen zur Teilhabe immer Anwendung finden, sofern sich aus den speziellen, für den jeweiligen Rehabilitationsträger geltenden Leistungsgesetzen nichts Abweichendes ergibt (Kessler 2012, 284). Deshalb wird auf das SGB IX im Folgenden in besonderer Weise eingegangen.

11.1.1 Leistungen nach dem SGB IX und den anderen Büchern des SGB

Nach der Definition des § 2 Abs. 1 SGB IX (Behinderung) sind Menschen behindert, wenn ihre körperliche Funktion, geistige Fähigkeit oder seelische Gesundheit mit hoher Wahrscheinlichkeit länger als sechs Monate von dem für das Lebensalter typischen Zustand abweichen und daher ihre Teilhabe am Leben in der Gesellschaft beeinträchtigt ist; sie sind von Behinderung bedroht, wenn eine solche Beeinträchtigung zu erwarten ist.

Die Leistungen zur Teilhabe nach den verschiedenen Büchern des SGB werden in § 5 Nrn. 1 bis 4 SGB IX in vier Leistungsgruppen unterteilt, die in Übersicht 55 (unter 2 und 4) um Hinweise auf die wichtigsten bildungsrelevanten Einzelleistungen ergänzt sind:

> **Leistungsgruppen und bildungsrelevente Einzelleistungen** *Übersicht 55*
>
> 1. **Leistungen zur medizinischen Rehabilitation**
> 2. **Leistungen zur Teilhabe am Arbeitsleben, insbesondere**
> 2.1 Hilfen zur Erlangung und Erhaltung eines Arbeitsplatzes
> 2.2 Berufsvorbereitung, berufliche Anpassung, Ausbildung und Weiterbildung
> 2.3 sonstige Hilfen zur Förderung der Teilhabe am Arbeitsleben
> 3. **Unterhaltssichernde und andere ergänzende Leistungen**
> 4. **Leistungen zur Teilhabe am Leben in der Gemeinschaft, insbesondere Hilfen**
> 4.1 zur Entwicklung der geistigen und körperlichen Fähigkeiten vor Beginn der Schulpflicht
> 4.2 zur heilpädagogischen Förderung
> 4.3 zum Erwerb praktischer Kenntnisse und Fähigkeiten
> 4.4 zur Ausübung einer angemessenen Tätigkeit, soweit Leistungen zur Teilhabe am Arbeitsleben nicht möglich sind
> 4.5 zur Förderung der Verständigung mit der Umwelt
> 4.6 zur Freizeitgestaltung und sonstigen Teilhabe am gesellschaftlichen Leben

11.1.2 Rehabilitationsträger

Für die genannten vier Leistungsgruppen können jeweils bis zu sieben Rehabilitationsträger nach § 6 Abs. 1 Nrn. 1 bis 7 SGB IX wie folgt zuständig sein (Übersicht 56):

> **Mögliche Rehabilitationsträger nach § 6 Abs. 1 und Leistungsgruppen nach § 5 Nrn. 1 bis 4 SGB IX** *Übersicht 56*
>
> 1. die gesetzlichen Krankenkassen (für Nrn. 1 und 3)
> 2. die Bundesagentur für Arbeit (für Nrn. 2 und 3)
> 3. die Träger der gesetzlichen Unfallversicherung (für Nrn. 1 bis 4)

4. die Träger der gesetzlichen Rentenversicherung und die Träger der Alterssicherung der Landwirte (für Nrn. 1 bis 3)
5. die Träger der Kriegsopferversorgung oder Kriegsopferfürsorge (für Nrn. 1 bis 4)
6. die Träger der öffentlichen Jugendhilfe (für Nrn. 1, 2 und 4)
7. die Träger der Sozialhilfe (für Nrn. 1, 2 und 4)

11.1.3 Abgrenzung und Koordination

Welcher Träger dabei vorrangig zuständig ist, ist jeweils in den Büchern III, V, VI, VII, VIII und XII des SGB geregelt – und gleichwohl häufig kompliziert. Teil 1 des SGB IX zielt deshalb auch darauf ab, die unterschiedlichen Vorschriften des Rehabilitationsrechts zu harmonisieren und die Zusammenarbeit der zuständigen Leistungsträger zu verbessern; siehe dazu Kessler 2012, 285; Kievel 2011, 98 ff.; und die Übersicht 57:

Koordination der Leistungen im gegliederten System der Rehabilitation und Teilhabe

Übersicht 57

1. Zuständigkeitsklärung (§ 14 SGB IX): grundsätzlich innerhalb von zwei Wochen
2. Koordinierung der Leistungen (§ 10 SGB IX): durch den nach § 14 SGB IX leistenden Rehabilitationsträger
3. Erstattung selbst beschaffter Leistungen (§ 15 SGB IX): falls nicht innerhalb der in § 14 Abs. 2 SGB IX genannten Fristen entschieden wurde
4. Zusammenarbeit der Rehabilitationsträger (§§ 11 bis 13 SGB IX): im Einzelfall und aufgrund gemeinsamer Empfehlungen
5. Gemeinsame Servicestellen (§§ 22, 23 SGB IX): zur Beratung und Unterstützung von behinderten und von Behinderung bedrohten Menschen

11.2 Wichtige bildungsrelevante Leistungen nach dem SGB im Einzelnen

11.2.1 Leistungen zur Teilhabe am Arbeitsleben

Die sehr differenzierten Leistungen zur Teilhabe am Arbeitsleben nach den §§ 33 bis 44 SGB IX zielen darauf ab, die Erwerbsfähigkeit behinderter oder von Behinderung bedrohter Menschen entsprechend ihrer Leistungsfähigkeit zu erhalten, zu verbessern, (wieder-)herzustellen und ihre Teilhabe am Arbeitsleben möglichst auf Dauer zu sichern. Dazu zählen gemäß § 33 Abs. 3 bis 6 SGB IX auch Berufsvorbereitung und berufliche Ausbildung sowie psychologische und pädagogische Hilfen und das Training lebenspraktischer Fähigkeiten sowie gemäß § 35 SGB IX als besondere Einrichtungen der beruflichen Rehabilitation auch die Berufsbildungswerke und Berufsförderungswerke (Näheres dazu bei von Boetticher 2014, 588 ff.).

11.2.2 Leistungen zur Teilhabe am Leben in der Gemeinschaft

Nach den §§ 55 bis 59 SGB IX können behinderte Menschen u. a. die folgenden bildungsrelevanten Leistungen zur Teilhabe am Leben in der Gemeinschaft – nach den je individuellen Bedürfnissen und persönlichen Präferenzen (BSG 12.12.2013, SGb 2014, 86) – erhalten (siehe Übersicht 58):

Bildungsrelevante Leistungen zur Teilhabe am Leben in der Gemeinschaft

Übersicht 58

1. Heilpädagogische Leistungen für Kinder, die noch nicht eingeschult sind
2. Hilfen zum Erwerb praktischer Kenntnisse und Fähigkeiten, um die für behinderte Menschen erreichbare Teilnahme am Leben in der Gemeinschaft zu ermöglichen
3. Hilfen zur Teilnahme am gemeinschaftlichen und kulturellen Leben, unter anderem durch Hilfen zum Besuch von Veranstaltungen oder Einrichtungen, die der Geselligkeit, der Unterhaltung oder kulturellen Zwecken dienen

Heilpädagogische Leistungen werden gemäß § 56 Abs. 1 Satz 1 SGB IX erbracht, um hierdurch eine drohende Behinderung abzuwenden oder den Verlauf einer Behinderung zu verlangsamen oder die Folgen eine Behinderung zu beseitigen oder zu mildern; heilpädagogische Leistungen werden gemäß Satz 2 immer (!) für Kinder mit schwersten Behinderungen und Schwerstmehrfach-Behinderungen erbracht, die noch nicht eingeschult sind. Denn bei diesen Kindern ist immer von einer Förderbarkeit auszugehen (Dau et al. 2014, § 56 Rz 7).

11.2.3 Leistungen der Eingliederungshilfe

Sind die Voraussetzungen für Leistungen nach SGB III, V, VI oder VII nicht erfüllt, kommen nachrangig Leistungen der Eingliederungshilfe für junge Menschen nach dem SGB VIII oder SGB XII in Betracht. Dabei besteht gemäß § 10 Abs. 4 SGB VIII die folgende „gespaltene" Zuständigkeit: Junge Menschen mit einer körperlichen und geistigen Behinderung haben Anspruch auf Eingliederungshilfe nach den §§ 53 ff. SGB XII, Kinder und Jugendliche sowie junge Volljährige mit einer seelischen Behinderung nach § 35a bzw. § 41 i. V.m. § 35a SGB VIII; mit Blick auf Letztere sind gemäß § 35a Abs. 3 SGB VIII ebenfalls die §§ 53 ff. SGB XII entsprechend anzuwenden.

Von besonderer Bedeutung sind dabei die Bildungsleistungen nach § 54 Abs. 1 und 2 SGB XII, die durch die §§ 12 bis 16 der Eingliederungshilfeverordnung weiter konkretisiert werden; dazu: Kessler 2012, 526 f.; Schütte 2014, 641; sowie die Übersicht 59:

Bildungsleistungen der Eingliederungshilfe nach SGB XII (und SGB VIII) sowie der Eingliederungshilfe-Verordnung

Übersicht 59

1. **Hilfen zu einer angemessenen Schulbildung**, insbesondere im Rahmen der allgemeinen Schulpflicht und zum Besuch weiterführender Schulen einschließlich der Vorbereitung; dabei u. a. Übernahme von Kosten für/von:
    1.1 heilpädagogischen Maßnahmen,
    1.2 Hilfen zum Besuch einer Realschule, eines Gymnasiums, einer Fachoberschule u. a.,
    1.3 Fahrtkosten, Klassenfahrten,

1.4 Schulbegleitern, Integrationshelfern,
1.5 therapeutischen Maßnahmen,
1.6 Hilfsmitteln.

2. **Hilfe zur schulischen Ausbildung für einen angemessenen Beruf** einschließlich des Besuchs einer Hochschule, u. a. Hilfen zur Ausbildung an beruflichen Schulen, zur Ableistung von Praktika, zur Teilnahme an Fernunterricht.

3. **Hilfe zur Ausbildung für eine sonstige angemessene Tätigkeit.**

4. **Hilfen für Angehörige zum gegenseitigen Besuch** bei stationärer Unterbringung junger Menschen.

Die Vermittlung einer Schulausbildung ist in erster Linie Aufgabe der Schule, deren Maßnahmen Vorrang haben (§ 10 Abs. 1 SGB VIII). Unter angemessener Schulbildung ist eine im Rahmen der allgemeinen Schulpflicht üblicherweise erreichbare Bildung zu verstehen (Wiesner 2014, 579). Werden die beim Schulbesuch behinderter junger Menschen gebotenen Leistungen nicht erbracht, kommen soziale Leistungen der Eingliederungshilfe nach den §§ 53 ff. SGB XII (bzw. nach § 35a SGB VIII i. V.m. §§ 53 ff. SGB XII) in Betracht.

Die Abgrenzung von schulischer Bildung und Rehabilitation ist mitunter strittig. Die Sozialhilfeträger tendieren dazu, sich im Sinne einer strikten Anwendung des Nachrangprinzips der Sozialhilfe (§ 2 SGB XII) für ergänzende Leistungen nur insoweit zuständig zu fühlen, als diese nicht zweifelsfrei der Schule zugeordnet werden können (Schütte 2014, 642). Ähnliches gilt in der Kinder- und Jugendhilfe etwa mit Blick auf Leistungen in den Bereichen von Legasthenie und Dyskalkulie (Wiesner 2014, 571). In der höchstrichterlichen Rechtsprechung wird danach abgegrenzt, ob es um den „Kernbereich der pädagogischen Arbeit der Lehrer in der Schule" geht (dann: Zuständigkeit der Schule) oder um die Schaffung von Rahmenbedingungen für einen erfolgreichen Schulbesuch – nur dann: Sozial- bzw. Kinder- und Jugendhilfe (BVerwG 18.10.2012 – 5 C 21/11; BSG 22.03.2012, NVwZ-RR 2012, 968; 15.11.2012, NDV-RD 2013, 57).

11.3 Schule, Kinder- und Jugendhilfe und Inklusion

11.3.1 Schulrecht der Länder

Auch mit Blick auf behinderte Kinder und Jugendliche gelten die allgemeinen Regelungen des Schulrechts der Länder (Kap. 7). Danach unterliegen behinderte Kinder und Jugendliche grundsätzlich ebenfalls der Schulpflicht, die sie durch den Besuch einer allgemeinen Schule (Regelschule) oder einer Förderschule (früher: Sonderschule) erfüllen. Es gibt Förderschulen mit einer der allgemeinen Schule entsprechenden Zielsetzung (zum Beispiel: Schulen für Körperbehinderte, Hörgeschädigte oder Sehbehinderte) sowie mit abweichender Zielsetzung (z. B. Schulen für Lernhilfe oder für praktisch Bildbare).

11.3.2 Inklusion und Schule

Ob ein Kind oder Jugendlicher mit sonderpädagogischem Förderbedarf die Regelschule oder eine Förderschule besucht, entscheiden die Eltern bzw. im Konfliktfall die staatlichen Schulbehörden; das Nähere ist den Schulgesetzen der Länder geregelt (Kessler 2012, 525). Das Bundesverfassungsgericht hat dazu bereits im Jahre 1997 festgestellt, dass es nicht mit Art. 3 Abs. 3 Satz 2 GG („Niemand darf wegen seiner Behinderung benachteiligt werden") vereinbar sei, wenn die Überweisung an eine Förderschule gegen den Willen des Schülers bzw. seiner Eltern erfolgt, obwohl eine Unterrichtung an der allgemeinen Schule mit sonderpädagogischer Förderung möglich ist (BVerfGE 96, 288).

Inzwischen wird Letztere von nicht wenigen Schulgesetzen der Länder als Regelfall oder als vorrangige Organisationsform vorgegeben (z. B. gemäß § 36 Abs. 2 Satz 3 BSchulG, § 51 Abs. 1 Satz 1 HSchulG, § 20 Abs. 2 SchulG NRW; „Kann"-Regelung in Art. 30a Abs. 3 BayEUG). Eine besondere Dynamik in dieser Entwicklung hat bekanntlich die UN-Behindertenrechtskonvention (UN-BRK) ausgelöst, die seit ihrem Inkrafttreten in Deutschland im Jahre 2009 als völkerrechtlicher Vertrag im Range eines Bundesgesetzes verbindlich ist (Luthe 2014, 51).

Der Grundgedanke von Inklusion ist: Es geht nicht (mehr) darum, behinderten Menschen dabei zu helfen, sich an die Gesellschaft anpassen zu können (so der bisherige Gedanke von „Integration"), sondern die Gesellschaft soll sich vielmehr nach den Bedürfnissen aller – auch behinderter – Menschen richten und ihre Leistungsangebote so umgestalten, dass in ihnen alle Menschen, mit oder ohne Behinderung, gemeinsam und zugleich optimal gefördert werden können. Inzwischen ist die inklusive schulische Bildung von Kindern und Jugendlichen mit sonderpädagogischem Förderbedarf so etwas wie „das neue Leitbild" geworden (Fuerst 2014, 724, 729; unter Bezugnahme auf einen entsprechenden Beschluss der Kultusministerkonferenz vom 20.10.2011).

An einer vollständigen Operationalisierbarkeit dieses Ansatzes muss jedoch „gezweifelt" werden (Luthe 2014, 52; siehe auch die zahlenreichen Elternproteste). Denn für nicht wenige Schülerinnen und Schüler mit besonderen Arten von Behinderungen bzw. mit sehr schweren Behinderungen wird auch künftig die Förderschule die vorzugswürdige Schulform bleiben. Und ob es einen durchsetzbaren „Rechtsanspruch auf inklusive Schulbildung" gibt, ist umstritten (siehe dazu sogleich Fall 11, Frage 1 mit Lösung).

11.3.3 Inklusion und Kinder- und Jugendhilfe

Im SGB VIII sind insoweit bislang zwei Bestimmungen enthalten: § 22a Abs. 4 Satz 1 SGB VIII betreffend die Förderung in Tageseinrichtungen („Kinder mit und ohne Behinderung sollen, sofern der Hilfebedarf dies zulässt, in Gruppen gemeinsam gefördert werden"); und § 35a SGB VIII – Eingliederungshilfe für seelisch behinderte Kinder und Jugendliche (Kap. 5.3.2). Mit Blick auf die letztere Bestimmung wird zu Recht und immer nachdrücklicher die Forderung erhoben, auch die körperlich und geistig behinderten Kinder und Jugendlichen in das Leistungssystem des SGB VIII zu überführen (im Sinne einer sog. „großen Lösung; dazu Wabnitz 2013a, 52 ff.).

Eine noch weit umfassendere Herausforderung wäre es jedoch, die gesamte Kinder- und Jugendhilfe im Sinne von „Inklusion" umzugestalten. Dabei müsste in jedem Fall – wie in den Schulen – gelten: „Keinesfalls darf es aufgrund inklusiver Angebote zu Lücken in der Betreuung oder gar zu Leistungsverschlechterungen für diejenigen kommen, die bislang in Sondersystemen betreut werden" (Deutscher Bundestag, 14. Kinder- und Jugendbericht

2013, 370). Mit Blick auf eine solche Neukonstruktion der Architektur des SGB VIII steht die Kinder- und Jugendhilfe erst am Anfang (auch dazu Wabnitz 2013a).

📖 Literatur

Boetticher, A. von (2014): Rehabilition und Teilhabe von Menschen mit Behinderungen
Dau, D. H., Düwell, F. J., Joussen, J. (2014): Sozialgesetzbuch IX. Rehabilitation und Teilhabe behinderter Menschen. Lehr- und Praxiskommentar. 4. Aufl.
Fuerst, A.-M. (2014): Schule.
Kessler, R. (2012): Rehabilitation und Teilhabe behinderter Menschen sowie: Behinderung. 4. Aufl.
Kievel, W. (2011): SGB IX – Rehabilitation und Teilhabe behinderter Menschen
Luthe, E.-W. (2003): Bildungsrecht
Luthe, E.-W. (Hrsg.) (2014): Rehabilitationsrecht
Rux, J., Niehues, N. (2013): Schulrecht
Siehr, A., Wrase, M. (2014): Das Recht auf inklusive Schulbildung als Strukturfrage des deutschen Schulrechts
Wabnitz, R. J. (2013a): (Gesetzliche) Inklusionsbarrieren – was behindert Inklusion?

11.4 Fall: Förderung behinderter junger Menschen

1. Haben behinderte Kinder und Jugendliche im schulpflichtigen Alter einen Rechtsanspruch auf Besuch einer Regelschule anstelle einer Förderschule?
2. Ist das SGB IX ein Leistungsgesetz oder ein Leistungsausführungsgesetz?
3. Wer hat Anspruch auf Eingliederungshilfe nach dem SGB VIII bzw. dem SGB XII?
4. Ist die Lese-Rechtschreibschwäche eine seelische Behinderung oder eine drohende seelische Behinderung?
5. In einem Gutachten wird festgestellt, dass der Jugendliche J seelisch wesentlich behindert im Sinne von § 53 SGB XII sei und deshalb Hilfe nach § 97 Abs. 2, 3 SGB XII geleistet werden müsse. Ist dies aus rechtlicher Sicht zutreffend?

12 Prüfungsrecht

von Jürgen Sauer

Die Ablegung von Prüfungen zur Feststellung von Kenntnissen oder Kompetenzen ist Regelungsgegenstand des Prüfungsrechts. Da es Prüfungen in den unterschiedlichsten Zusammenhängen gibt, halten unterschiedlichste Rechtsmaterien prüfungsrechtliche Regelungen bereit (das Schul- oder Hochschulrecht, das Handwerks- oder das Beamtenrecht usw.). Es gibt deshalb nicht „das" Prüfungsrecht, sondern jeder Sachbereich hat seine eigenen prüfungsrelevanten Regelungen. Trotz der soeben erwähnten Unterschiedlichkeit der Rechtsmaterien hat das jeweilige Prüfungsrecht gleiche rechtliche Rahmenbedingungen: das Verfassungsrecht (Grundrechte) und das Verwaltungsprozessrecht. Im vorliegenden Zusammenhang sollen diese Rahmenbedingungen mit Blick auf schulische und Berufsausbildung näher betrachtet werden.

12.1 Verfassungsrecht und Prüfungsrecht

12.1.1 Gesetzesvorbehalt und Grundrechte

Bei der Prüfungstätigkeit als Verwaltungstätigkeit gilt der Vorbehalt des Gesetzes (Art. 20 Abs. 3 GG), wonach die öffentliche Gewalt für ihr Handeln einer gesetzlichen Grundlage bedarf. Diese Grundlagen existieren in Gestalt des Berufsbildungsgesetzes (BBiG) für Abschlussprüfungen in anerkannten Ausbildungsberufen, der Schulgesetze der Länder (diese sind u. a. auf dem „Deutschen Bildungsserver" des Deutschen Instituts für Internationale pädagogische Forschung/DIPF zu finden: www.bildungsserver.de) und den darauf basierenden Rechtsverordnungen. Das Rechtsstaatsprinzip und das Demokratieprinzip des Grundgesetzes verpflichten den Gesetzgeber dabei, in dem durch Art. 12 Abs. 1 GG geschützten Grundrechtsbereich die wesentlichen Entscheidungen über die Ausbildung und Prüfung (Abnahme von Abschlussprüfungen und die leistungsbedingte Entlassung eines Schülers aus einer Schule) selbst zu treffen. Die Schulgesetze enthalten hierzu entsprechende Regelungen (vgl. Art. 82 BayEUG; §§ 59 Abs.3 BSchulG, 75 Abs.2 HSchulG, 47 Abs.1 Nr. 3 i. V. m. 50 Abs. 5 S. 2 NRW SchulG). Die Frage nach der Versetzung in die nächste Klasse oder Jahrgangsstufe ist nach Ansicht der Rechtsprechung demgegenüber weniger einschneidend. Der Gesetzgeber darf hier den Verordnungsgeber (i. d. R. das zuständige Ministerium oder die zuständige Senatsverwaltung) beauftragen, Art, Zahl, Umfang, Schwierigkeit und Gewicht der Leistungsnachweise jeweils differenziert nach Schulart, Jahrgangsstufe und Fach zu bestimmen und die dabei zum Zuge kommenden Bewertungsgrundsätze auf dem Verordnungsweg zu regeln (BVerwG NVwZ 1998, 859 f.). Die hier angesprochenen Schulgesetze (Kap. 9) enthalten entsprechende Ermächtigungen (z. B. Art. 89 Abs. 2 Nr. 12 BayEUG; §§ 73 Abs. 6 HSchulG, 52 Nr. 6 ff. NRW SchulG). Gleiches gilt für die beruflichen Abschlussprüfungen gem. § 47 Abs. 1 BBiG.

Die meisten Prüfungen werden staatlich, d. h. von einem Träger hoheitlicher Gewalt organisiert und abgenommen. Im Bildungskontext kann dies sein eine (Berufs-)Schule; eine Industrie- und Handelskammer oder eine Handwerkskammer als Körperschaften des öffentlichen Rechts (vgl. §§ 3 Abs. 1 IHKG, 90 Abs.1 HwO).

Ist die Abnahme einer Prüfung Ausübung hoheitlicher Gewalt, so ist der jeweilige Verwaltungsträger hierbei auch an die Grundrechte der Prüflinge nach dem GG gebunden (Art. 1 Abs. 3 GG). Die Nichtversetzung eines Schülers oder einer Schülerin in die nächste Klasse/Jahrgangsstufe berührt das Grundrecht auf freie Entfaltung der Persönlichkeit aus Art. 2 Abs. 1 GG. (BVerfG NJW 1982, 921, 923). Nach Ansicht des BVerwG schützt Art. 2 Abs. 1 GG das Recht des einzelnen Kindes auf eine möglichst ungehinderte Entfaltung seiner Persönlichkeit sowie seiner Anlagen und Befähigungen und enthält insoweit auch Elemente eines „Rechts auf Bildung" (BVerwG NJW 1979, 229). Wird für die Aufnahme eines Berufes oder einer Berufsausbildung der Nachweis erworbener Fähigkeiten in Form einer (berufsbezogenen) Prüfung verlangt, so stellt diese „Hürde" einen Eingriff in die Freiheit der Berufswahl nach Art. 12 Abs. 1 GG dar (BVerfG NJW 1991, 2005 Leitsatz 1). Bei berufseröffnenden Prüfungen muss in der eigentlichen Prüfungssituation vor allem dem Prinzip der Chancengleichheit (Art. 3 Abs. 1 GG) Rechnung getragen werden.

12.1.2 Grundrechtsschutz bei „berufsbezogenen" Prüfungen

Eröffnet eine Prüfung den Zugang zu einem Beruf oder einer Berufsausbildung, wird das Grundrecht auf freie Wahl eines Berufes (Art. 12 Abs. 1 GG) tangiert (BVerfG NJW 1991, 2005 Leitsatz 1). Die zu dieser Frage vorhandene Rechtsprechung erging zumeist zu universitären Abschlussprüfungen (BVerfG NJW 1991, 2005, 2007 f. zur juristischen Staatsprüfung; BVerwG NVwZ 1986, 1018 zur ärztlichen Vorprüfung; VG Minden, Urteil vom 17.11.2005 – 2 K 2878/04 – zur 2. Staatsprüfung für das Lehramt für die Sekundarstufe II). Da aus dem in Art. 12 Abs. 1 S. 1 GG gewährleisteten Recht auf freie Wahl des Berufes und der Ausbildungsstätte ein Recht auf Zulassung zum Hochschulstudium folgt (BVerfG NJW 1972, 1561 Leitsatz b), der Zugang aber (auch) von der in der Hochschulzugangsberechtigung ausgewiesenen Durchschnittsnote abhängig gemacht werden darf (BVerfG NJW 1977, 569 ff.), stellen auch Abiturprüfungen berufsbezogene Prüfungen dar (BVerwG NVwZ-RR 1998, 176, 177). Soweit andere Qualifikationsmöglichkeiten (z. B. Abendabitur, Kolleg) zur Hochschulzugangsberechtigung führen, sind diese dem Abitur im Lichte des Art. 12 GG gleichzustellen (Maunz et al., Art. 12 Rn. 471). Nach der Rechtsprechung gilt dies auch für die in das Zeugnis der Fachhochschulreife an einem beruflichen Gymnasium eingehenden Halbjahreszeugnisse (VG Schleswig NJOZ 2011, 1903, 1904), für das Realschulabschlusszeugnis (VG Minden Urteil vom 05.03.2003 – 2 K 2258/01 –; zurückhaltend zum Hauptschulabgangszeugnis VG Augsburg, Urteil vom 25.07.2002 – Au 9 K 01.1431 –) und für Abschlussprüfungen von Ausbildungen (Beispiele aus der Rechtsprechung: Fachkauffrau für Büromanagement, VG Saarlouis, Urteil vom 05.03.2009 – 1 K 643/08 –; staatliche Prüfung für Physiotherapeuten, VG Bayreuth Urteil vom 06.02.2002 – B 6 K 01.454 –). Handelt es sich bei einer Prüfung um eine berufsbezogene im soeben erläuterten Sinn, dann ist weiterhin

- das **Prinzip der Chancengleichheit** (Art. 3 Abs. 1 GG) zu beachten (BVerwG NVwZ-RR 1998, 176, [177], zur Abiturprüfung) und
- durch eine entsprechende Gestaltung des Prüfungsverfahrens ein **effektiver Schutz des Grundrechts der Berufsfreiheit** zu gewährleisten (BVerwG NVwZ 1993, 681 Leits. 1).

Das Prinzip der Chancengleichheit erfordert, dass für vergleichbare Prüflinge so weit wie möglich vergleichbare Prüfungsbedingungen und Bewertungskriterien gelten müssen. Prüfungsnoten ergeben sich damit auch aus dem fachkundigen Vergleich mit den Leistungen anderer, vergleichbarer Prüflinge (BVerfG NJW 1991, 2005, 2007). Umgekehrt ist es untersagt, Abschlüsse und Berechtigungen unter erleichterten Bedingungen zu vergeben (OVG Münster NVwZ-RR 2000, 432 Leits. 1).

Der Grundrechtsschutz durch Verfahren mündet in ein Gegenvorstellungsrecht von Prüflingen mit dem Ziel der Aufhebung einer Prüfungsentscheidung (VGH München NVwZ-RR 2003, 257, 258). Dem entspricht eine Verpflichtung der Prüfungskommission, substantiierte Einwände gegen die Bewertung einer Prüfungsleistung unter maßgeblicher Beteiligung der ursprünglichen Prüfer zu überdenken – „Überdenkungsverfahren" (BVerfG NJW 1991, 2005 Leits. 1; BVerwG NVwZ 1993, 681 Leits. 1). Zu weiteren Einzelheiten Kap. 12.2.3.

12.1.3 Grundrechtsschutz bei sonstigen Prüfungen

Sonstige schulische Prüfungen (z. B. Klassenarbeiten) oder Versetzungsentscheidungen haben keinen berufseröffnenden Charakter, weshalb die aus Art. 12 Abs. 1 GG abgeleiteten Grundsätze (Chancengleichheit, Gegenvorstellungsrecht) hier nicht gelten. Bei der Notenvergabe dürfen pädagogische Erwägungen wie z.B. eine krankheitsbedingte Leistungsminderung berücksichtigt (VGH München Beschluss vom 07.10.2003 – 7 CE 03.2503 – juris) sowie bei der Entscheidung über die Gewährung eines Notenausgleichs die Einschätzung der Leistungsbereitschaft während des gesamten Schuljahres herangezogen werden (VGH München Urteil vom 18.03.1998 – 7 B 97.2673 – juris).

12.2 Das Prüfungsverfahren

12.2.1 Prüfungen als Verwaltungsverfahren

Das Verwaltungsverfahrensrecht sieht die åTätigkeit von Behörden bei Leistungsprüfungen grundsätzlich als öffentlich-rechtliche Verwaltungstätigkeit an, wobei die verwaltungsverfahrensrechtlichen Regelungen über die Zuziehung eines Beistandes, über die Anhörung Beteiligter vor Erlass eines Verwaltungsaktes oder über die notwendige Begründung eines Verwaltungsaktes nicht anwendbar sind (vgl. §2 Abs. 3 Nr. 2 VwVfG). Das oben angesprochene „Überdenkungsverfahren" (Kap. 12.2.3) ist noch Teil des verwaltungsinternen Prüfungsverfahrens (VGH München NVwZ-RR 2003, 257, 258).

12.2.2 Besondere Verfahrensregelungen für berufsbezogene oder vergleichbare Prüfungen

Bund und Länder haben für Abschlussprüfungen in anerkannten Ausbildungsberufen wie für Abiturprüfungen Regelungen geschaffen, die den Regelungen der Verwaltungsverfahrensgesetze vorgehen (vgl. §1 Abs. 1 VwVfG) und die die von der Rechtsprechung geforderte Ausgestaltung des Prüfungsverfahren vornehmen; siehe dazu beispielhaft Übersicht 60:

Beispielhafte Regelungen für Abschlussprüfungen *Übersicht 60*

1. §§ 37 ff. BBiG

2. §§ 74 ff. der Schulordnung für die Gymnasien in Bayern (Gymnasialschulordnung – GSO) vom 23.01.2007 (GVBl 2007, 68) in der jeweils geltenden Fassung

3. Verordnung über den Bildungsgang in der gymnasialen Oberstufe und über die Abiturprüfung (Gymnasiale-Oberstufe-Verordnung – GOSTV) des Landes Berlin vom 21.08.2009 in der jeweils geltenden Fassung

4. Hessische Oberstufen- und Abiturverordnung (OAVO) vom 20.07.2009 (ABl. 2009, 408) in der jeweils geltenden Fassung

5. Verordnung über den Bildungsgang und die Abiturprüfung in der gymnasialen Oberstufe (APO-GOSt) des Landes Nordrhein-Westfalen vom 05.10.1998 in der jeweils geltenden Fassung

12.2.3 Das verwaltungsinterne „Überdenkungsverfahren" bei berufseröffnenden Prüfungen

Damit das „Überdenkungsverfahren" seinen Zweck erfüllen kann, müssen PrüferInnen ihre Bewertungen hinreichend begründen, und dem Prüfling muss insoweit Einsicht in Prüfungsakten gewährt werden (Niehues et al. 2014, Rn. 791). Hierbei muss jeder Prüfer seine Überdenkensentscheidung schriftlich niederlegen. Eine gemeinsame Stellungnahme lediglich auf der Grundlage des Entwurfs nur eines Prüfers ist verfahrensfehlerhaft (BVerwG NVwZ-RR 2013, 44). Die Verpflichtung zum Überdenken besteht allerdings nur dann, wenn Bewertungsfehler konkret und nachvollziehbar begründet werden. Der pauschale Vorwurf einer zu strengen Korrektur reicht nicht aus (BVerwG NVwZ 1993, 681, 683). Letztlich wird damit dem Umstand Rechnung getragen, dass Prüflinge vor der Prüfungsentscheidung nicht angehört werden müssen (Niehues et al. 2014, Rn. 787).

12.3 Rechtsschutz im Prüfungsverfahren

Nach den obigen Ausführungen können Prüfungsentscheidungen gegen die Grundrechte aus Art. 2 Abs. 1, 3 Abs. 1 und 12 Abs. 1 GG verstoßen. Die Form des Rechtsschutzes ist dabei abhängig von der Rechtsform der jeweiligen Prüfungsentscheidung. Stellt eine Prüfungsentscheidung einen Verwaltungsakt dar (Kap. 4.2.1), so ist vor Erhebung der Klage ein Widerspruchsverfahren (Kap. 4.3.1 und 4.3.2) durchzuführen. Gegen eine Entscheidung in einem Prüfungsverfahren, die keinen Regelungs- und damit auch keinen Verwaltungsaktcharakter hat, ist direkt der Klageweg zu beschreiten. Sind mit einer Prüfungsentscheidung erhebliche Nachteile verbunden, kann gegen diese bereits vor der Einleitung des Klageverfahrens einstweiliger Rechtsschutz angestrebt werden.

12.3.1 Widerspruchsverfahren

Ist eine Prüfungsentscheidung als Verwaltungsakt (§ 35 VwVfG) zu qualifizieren, muss vor der Erhebung einer Klage ein Widerspruchsverfahren durchgeführt werden. Das mit einem Widerspruch verfolgte Anliegen dürfte in der Regel auf eine positive Versetzungsentscheidung, unter Umständen auf eine bessere Benotung gerichtet sein. Damit handelt es sich bei dem zu erhebenden Widerspruch um einen Verpflichtungswiderspruch (§ 68 Abs. 2 VwGO).

Ob eine Note nach ihrem objektiven Sinngehalt eine Regelung mit unmittelbarer Rechtswirkung nach außen darstellt, hängt davon ab, ob sie nach der einschlägigen Ausbildungs- und Prüfungsordnung rechtlich gesehen selbstständige Bedeutung hat. Dies ist der Fall, wenn durch eine in Rede stehende Prüfungsentscheidung Rechtspositionen des Prüflings bzw. Schülers betroffen werden (OVG Münster NVwZ-RR 2001, 384), also eine Berechtigung (Versetzung, Abschluss) eingeräumt oder versagt wird (Avenarius/Füssel 2010, Kap. 20.222).

Daher ist in der Regel nur die Versetzungsentscheidung ein selbstständig anfechtbarer Verwaltungsakt, nicht dagegen die dieser Entscheidung zugrundeliegenden Einzelnoten (BVerwG NJW 2012, 2901, 2902). Allerdings anerkannte die Rechtsprechung den Charakter einer Einzelbenotung in einem zur Berufsausbildung qualifizierenden Abschlusszeugnis als Verwaltungsakt, wenn diese Note zwar nicht in die Entscheidung über den Abschluss eingeflossen ist, aber die Chancen eines Schülers beim Eintritt in das Berufsleben maßgeblich beeinflussen kann, bspw. für die gesonderte Ausweisung der Note mangelhaft im Fach Englisch in einem Berufsschulabschlusszeugnis (OVG Münster NVwZ-RR 2001, 384, 385), oder für die Bewertung des Sozialverhaltens in einem Realschul-Abschlusszeugnis (VG Braunschweig NVwZ-RR 2004, 576, 577).

Wurde das „Überdenkungsverfahren" im Verwaltungsverfahren nicht durchgeführt, so kann dies noch im Rahmen eines förmlichen Widerspruchsverfahrens geschehen. Es muss sich dann allerdings auf eine Kontrolle auch der prüfungsspezifischen Wertungen unter maßgeblicher Beteiligung der ursprünglichen Prüfer erstrecken (BVerwG NVwZ 1993, 681 Leits. 3).

12.3.2 Gerichtlicher Rechtsschutz

Steht zu besorgen, dass einer Schülerin oder einem Schüler durch eine (negative) Prüfungs- oder Versetzungsentscheidung wesentliche Nachteile entstehen, so ist ein Antrag auf Erlass einer einstweiligen Anordnung möglich – sogenanntes „Eilverfahren" (Avenarius/Füssel 2010, Kap. 26.362; VGH Mannheim NVwZ 1985, 593 Leits. 2). Dies gilt auch dann, wenn die angegangene Entscheidung oder Benotung keinen Verwaltungsakt darstellt (OVG Münster, Beschluss vom 02.06.2008 – 19 B 609/08 – juris). Im Schulrecht spielt der Antrag auf Zulassung zum Unterricht der nächsthöheren Klasse trotz Nichtversetzung die größte praktische Rolle. Ein Anordnungsanspruch ist gegeben, wenn Tatsachen glaubhaft gemacht werden, aus denen sich ergibt, dass die Entscheidung über die Nichtversetzung rechtswidrig ist (zu den Gründen für die Rechtswidrigkeit einer Prüfungsentscheidung Kap. 12.3.3) und bei rechtmäßiger Beurteilung mit überwiegender Wahrscheinlichkeit mit einer Versetzung zu rechnen ist (OVG Lüneburg, Beschluss vom 15.10.2009 – 2 ME 307/09 – juris, Leits. 2).

Der zusätzlich erforderliche Anordnungsgrund ergibt sich aus der besonderen Dringlichkeit des Rechtsschutzbegehrens. Einstweiliger Rechtsschutz ist insbesondere dann zu gewähren, „wenn anders dem Antragsteller eine erhebliche, über Randbereiche hinausgehende Verletzung in seinen Grundrechten droht, die durch die Entscheidung in der Hauptsache nicht mehr beseitigt werden kann" (BVerfG NJW 1989, 827, Leits. 1). Die mit der vorläufigen Zulassung zur Unterrichtsteilnahme einhergehende Vorwegnahme der Hauptsacheentscheidung ist im Schulrecht ausnahmsweise zulässig (Rux/Niehues 2013, Rn. 1498).

Stellt eine Prüfungsentscheidung einen Verwaltungsakt dar, so kann nach Durchführung des Widerspruchsverfahrens im Klageverfahren die Verpflichtung zum Erlass eines begünstigenden Verwaltungsaktes (Verpflichtungsklage) angestrebt werden. Ist eine Prüfungsentscheidung (bspw. eine Benotung) nicht als Verwaltungsakt zu qualifizieren, so ist die allgemeine Leistungsklage die richtige Klageart. Mit einer Fortsetzungsfeststellungsklage kann auch noch dann, wenn ein Verwaltungsakt sich erledigt hat, nachträglich die Feststellung der Rechtswidrigkeit des Verwaltungsaktes begehrt werden, soweit ein berechtigtes Interesse an dieser Feststellung besteht. Die Rechtsprechung bejaht ein solches berechtigtes Interesse dann, wenn ein Schüler nach erfolgreicher Wiederholung der Klassenstufe weiterversetzt wurde. Denn selbst nach bestandener Reifeprüfung könne es von Nachteil sein, dass diese erst nach Wiederholung einer Klassenstufe abgelegt wurde (BVerwG NVwZ 2007, 227, 228).

Wurde das „Überdenkungsverfahren" im Verwaltungsverfahren nicht durchgeführt und im Widerspruchsverfahren nicht nachgeholt, so sind die Verwaltungsgerichte auf Antrag des Prüflings dazu verpflichtet, bei substantiierten Einwendungen gegen Bewertungen seiner Prüfungsleistungen das gerichtliche Verfahren gemäß § 94 VwGO auszusetzen und der Prüfungsbehörde Gelegenheit zu geben, die Prüfungsentscheidung in eigener Zuständigkeit und Sachverantwortung zu „überdenken" (BVerwG NVwZ-RR 1994, 582, 585).

12.3.3 Die Erfolgsaussichten von Rechtsmitteln gegen Prüfungsentscheidungen

Ein Rechtsmittel gegen eine Prüfungsentscheidung hat Erfolg, wenn die Entscheidung sich als rechtswidrig und damit als Grundrechtseingriff erweist. Zum einen können Verfahrensfehler die Rechtswidrigkeit begründen (Kap. 12.2.1 und 12.2.2). So darf ein Prüfer bei der Besorgnis der Befangenheit nicht mehr am Prüfungsverfahren mitwirken (§ 21 VwVfG). Dies ist der Fall, wenn er die gebotene sachliche Neutralität vermissen lässt, indem er z. B. herablassende Äußerungen tätigt. Ob ein solcher Grund vorliegt, muss mit Hilfe objektiver Kriterien aus der Sicht des Kandidaten beurteilt werden (BVerwG NVwZ-RR 1999, 438, 439).

Obwohl § 39 VwVfG im Prüfungsverfahren nicht direkt gilt, ist die mangelnde Begründung bei berufseröffnenden Prüfungsentscheidungen ein Anfechtungsgrund. Die Rechtsprechung entnimmt bei Prüfungen dieser Art den Art. 12 Abs. 1 und 19 Abs. 4 GG einen prüfungsrechtlichen Begründungsanspruch (BVerwG NVwZ 1993, 677 Leits. 1). Hierbei müssen die maßgeblichen Gründe in den für das Ergebnis ausschlaggebenden Punkten erkennbar sein (BVerwG NVwZ 1993, 677 Leits. 2). Die Herstellung eines Wortprotokolls über ein Prüfungsgespräch ist nicht zwingend geboten. Die Teilnahme sachkundiger Dritter, vor allem weiterer Mitglieder einer Prüfungskommission, stellt hier ein geeignetes und ausreichendes Mittel zur Sicherstellung einer rechtmäßigen Bewertungsentscheidung dar (BVerfG NVwZ 1997, 263).

Neben Verfahrensfehlern können auch Bewertungsfehler zur Rechtswidrigkeit einer Prüfungsentscheidung führen. Die Rechtsprechung unterscheidet hier zwischen prüfungsspezifischen Bewertungen und Fachfragen. Da Prüfungen von zahlreichen Einschätzungs- und Bewertungsvorgängen geprägt sind, verbleibt nach allgemeiner Ansicht den beteiligten Prüfern bei prüfungsspezifischen Wertungen ein gerichtlich nicht überprüfbarer Entscheidungsspielraum. Gegenstände dieses prüfungsspezifischen „Beurteilungsspielraums" sind die Punktevergabe und die Notengebung, die Einordnung des Schwierigkeitsgrads einer Aufgabenstellung, die Gewichtung von Aufgaben untereinander, die Würdigung der Darstellung, die Gewichtung der Stärken und Schwächen in der Bearbeitung oder eines Mangels (BVerwG NVwZ 2004, 1375, 1377).

Die Grenzen dieses Beurteilungsspielraums sind u. a. dann überschritten, wenn allgemeingültige Bewertungsmaßstäbe verletzt oder sachfremde Erwägungen angestellt wurden (BVerwG NVwZ 2004, 1375, 1377). Prüfungsaufgaben müssen insbesondere geeignet sein, das Fachwissen und die fachliche Qualifikation eines Kandidaten zu erfragen. Dafür müssen sie objektiv lösbar sein und es darf, ausgehend vom Prüfungswissen, fachlich nichts Unmögliches verlangt werden (BVerwG NVwZ-RR 1998, 176, 177). Allgemeine Bewertungsgrundsätze sind verletzt, wenn eine fachlich vertretbare und folgerichtig begründete Lösung als falsch gewertet wird (BVerfG NJW 1991, 2005 Leits. 3). Dem Prüfling steht bei solchen Fragen ein „Antwortspielraum" zu (BVerfG NVwZ 1992, 657). Fachliche Differenzen zwischen Prüfern und Prüfling hat das Gericht notfalls mit Hilfe von Sachverständigen auszuräumen (Rux/Niehues 2013, Rn. 1486).

Die Aufhebung eines Verwaltungsaktes wegen Verfahrensfehlern kann nicht verlangt werden, wenn offensichtlich ist, dass die Verletzung von Verfahrensvorschriften die Entscheidung in der Sache nicht beeinflusst hat (§ 46 VwVfG). Dies gilt im Ergebnis auch für sachliche Bewertungsmängel (Fehlerkausalität). Lässt sich nämlich mit der erforderlichen Gewissheit feststellen, dass ein Korrektur- und Bewertungsfehler auf das Ergebnis der Prüfungsentscheidung (ausnahmsweise) keine Auswirkung hatte, so folgt – wie bei unwesentlichen Verfahrensfehlern – aus dem Grundsatz der Chancengleichheit, dass ein Anspruch auf Neubewertung nicht besteht (BVerwG NVwZ 2000, 915, 919). Das Gericht darf dabei allerdings selbst keine Bewertungen abgeben, indem es etwa verschiedene Aufgaben untereinander gewichtet oder den Schwierigkeitsgrad einer Aufgabenstellung einordnet (BVerwG NVwZ-RR 2013, 42, 44).

Literatur

Avenarius, H., Füssel, H.-P. (2010): Schulrecht. Ein Handbuch für die Praxis, Rechtsprechung und Wissenschaft. 8. Aufl.
Beaucamp, G., Seifert, J. (2008): Wann lohnt sich die Anfechtung einer Prüfungsentscheidung? Ein Überblick anhand der jüngeren obergerichtlichen Rechtsprechung. Neue Zeitschrift für Verwaltungsrecht (NVwZ) Heft 3/2008
Niehues, N., Fischer, E., Jeremias, C. (2014) : Prüfungsrecht. 6. Aufl.
Rux, J., Niehues, N. (2013): Schulrecht. 5. Aufl.
Seebass, F. (1985): Die Prüfung – ein rechtsschutzloser Freiraum des Prüfers? Neue Zeitschrift für Verwaltungsrecht (NVw) Heft 8/1985
Zimmerling, W., Brehm, R. (2007): Prüfungsrecht. 3. Aufl.

12.4 Fall: Die Abiturprüfung

Der Schüler S legte die schriftlichen Abiturprüfungen in den Fächern Deutsch und Mathematik ohne Erfolg ab, woraufhin ihm von der Schule mitgeteilt wird, dass er nicht zu den anschließenden mündlichen Prüfungen zugelassen sei. Die Bewertung der Deutschklausur wird von der Prüferin knapp damit begründet, die Gedichtanalyse sei „nur in Ansätzen verschriftlicht", die „Verknüpfung von Form und Inhalt sei nur oberflächlich", der Vergleich Gedicht-Textauszug bleibe „sehr einseitig und unzulänglich". Der Bewertung der Mathematikklausur lag eine Musterlösung zugrunde. S ist der Ansicht, dass beide Klausuren fehlerhaft bewertet worden seien und die Bewertung besser hätte ausfallen müssen. In der Deutschklausur habe er alle Aufgaben inhaltlich fertig gestellt und dabei brauchbare Ansätze entwickelt. Bei der Bewertung der Mathematikklausur seien positive Ansätze vernachlässigt worden. Die Berechnungen seien zwar fehlerhaft, aber folgerichtig gewesen. Die Klausur weise zudem eine außergewöhnlich hohe Misserfolgsquote auf und sei deshalb unverwertbar. Von acht Arbeiten seien 50 % mit mangelhaft bewertet worden. Die Aufgabenstellung sei insgesamt zu schwer und zu umfangreich gewesen. Hinzu komme, dass der Prüfer im Fach Mathematik ihm bereits vor zwei Jahren ‚prophezeit' habe, dass er bei seinem Arbeitseinsatz das Abitur nie schaffen werde. Damit sei der Prüfer eindeutig befangen.

1. Welche verfahrensrechtlichen Möglichkeiten hat S, gegen die Bewertungen vorzugehen?
2. Hätte ein Rechtsmittel Aussicht auf Erfolg?

13 Aufsichtspflicht und Haftung, Datenschutz

von Markus Fischer

13.1 Aufsichtspflicht und Haftung

Aufsichtspflicht und Haftung sind ein bedeutsames Thema insbesondere im Rahmen der Bildungsarbeit mit Menschen unter 18 Jahren. Die Thematik kann aus den folgenden drei Perspektiven betrachtet werden: der zivilrechtlichen, der arbeitsrechtlichen und der strafrechtlichen. Aus dem zivilrechtlichen Blickwinkel (Kap. 1.2.1) stellt sich die Frage, wer bei einer Aufsichtspflichtverletzung unter welchen Voraussetzungen Schadensersatz leisten muss. Im Arbeitsrecht wird sich mit der Frage beschäftigt, ob Arbeitgeber oder Arbeitnehmer Schadensersatz für die Aufsichtspflichtverletzung zu leisten haben. Im Rahmen des Strafrechts wird schließlich festgestellt, ob jemand sich wegen einer Aufsichtspflichtverletzung strafbar gemacht hat und deshalb eine Geldstrafe zu zahlen oder eine Freiheitsstrafe abzuleisten hat.

13.1.1 Zivilrecht

Die zivilrechtliche Haftung bei einer Aufsichtspflichtverletzung ist für die vertragliche Haftung in § 280 BGB und für die deliktsrechtliche Haftung in § 832 BGB geregelt. Während die vertragliche Haftung nur Anwendung findet, wenn die Aufsichtspflicht vertraglich übernommen worden ist, wie zum Beispiel bei einem Betreuungsvertrag mit dem Träger einer Kindertageseinrichtung, kann eine deliktsrechtliche Haftung unabhängig von einem Vertrag in Betracht kommen. In der Übersicht 61 werden auf der Grundlage von § 832 BGB die Voraussetzungen für eine Haftung wegen einer Aufsichtspflichtverletzung dargestellt:

> **Voraussetzungen einer Haftung gemäß § 832 BGB** *Übersicht 61*
>
> 1. **Es besteht eine Aufsichtspflicht**
> 1.1 aufgrund Gesetz (vgl. §§ 1626 I, 1631 I; 1793, 1800 BGB; Schulrecht) oder
> 1.2 aufgrund eines Vertrages (abzugrenzen vom Gefälligkeitsverhältnis)
> 2. **gegenüber einer Person, die wegen Minderjährigkeit oder wegen ihres geistigen oder körperlichen Zustands der Beaufsichtigung bedarf.**
> 3. **Die aufsichtsbedürftige Person fügt Dritten einen Schaden zu, und zwar**
> 4. **widerrechtlich.**
> 5. **Die aufsichtspflichtige Person kann nicht nachweisen, dass**
> 5.1 sie ihrer Aufsichtspflicht genügt hat oder
> 5.2 dass der Schaden auch bei gehöriger Aufsichtsführung entstanden wäre. **Rechtsfolge**: Schadensersatz gemäß §§ 249 ff. BGB.

Im Rahmen der Bildungsarbeit mit Menschen unter 18 Jahren ist insbesondere die gesetzliche Aufsichtspflicht im Rahmen der elterlichen Sorge nach §§ 1626 Abs. 1, 1631 Abs. 1 BGB relevant (siehe zur elterlichen Sorge Kap. 3.2). Für Lehrerinnen und Lehrer bestimmt sich die Aufsichtspflicht nach Landesrecht (Kap. 2.2.2). In Hessen ist beispielsweise Inhalt und Umfang der Aufsichtspflicht in der Verordnung über die Aufsicht über Schülerinnen und Schüler (AufsVO) vom 12.12.2013 geregelt. Nach § 2 AufsVO sind Lehrkräfte, sozialpädagogische Mitarbeiterinnen und Mitarbeiter sowie schulfremde Personen, die schulische Veranstaltungen durchführen, zur Aufsicht verpflichtet.

Die Aufsichtspflicht aus Vertrag kann erworben werden aufgrund einer Vereinbarung mit einer aufsichtspflichtigen Person oder mit einer/m Dritten, z. B. mit dem Jugendamt (Palandt 2015, § 832 Rn. 6).

Eine solche Vereinbarung ist abzugrenzen von einem Gefälligkeitsverhältnis, bei dem keine Aufsichtspflicht übernommen wird. Ein Gefälligkeitsverhältnis liegt vor, wenn diejenige Person, die die Aufsicht tatsächlich übernimmt, aus der Sicht einer objektiven dritten Person keine Verantwortung übernehmen will und somit keinen Rechtsbindungswillen besitzt. Dies ist zum Beispiel der

Fall, wenn in der eigenen Wohnung ein fremdes Kind beim Spielen mit dem eigenen Kind geduldet wird (vgl. BGH NJW 1968, 1874).

In der Bildungsarbeit mit jungen Menschen kommen als aufsichtsbedürftige Personen insbesondere Minderjährige in Betracht, also Menschen unter 18 Jahren (vgl. § 2 BGB). Nach § 828 Abs. 1 BGB sind Menschen unter sieben Jahren nicht deliktsfähig, sodass sie nicht für einen Schaden verantwortlich gemacht werden können. Sieben- bis Neunjährige können gemäß § 828 Abs. 2 BGB nicht verantwortlich gemacht werden für eine Schadensverursachung im Zusammenhang mit dem Kraftfahrzeug-, Schienen- und Schwebebahnverkehr, solange sie nicht vorsätzlich handeln. Ansonsten sind Kinder und Jugendliche im Alter von sieben bis 17 Jahren nur deliktsfähig, sofern sie zum Zeitpunkt der Schadensverursachung einsichtsfähig sind. Wer nicht deliktsfähig ist, kann nur aus Billigkeitsgründen unter den Voraussetzungen des § 829 BGB haften.

Eine Aufsichtspflicht gegenüber Personen, die wegen ihres geistigen oder körperlichen Zustands der Aufsicht bedürfen, kommt beispielsweise in Betracht, wenn im Rahmen einer rechtlichen Betreuung die gesamte Personensorge auf die Betreuerin bzw. auf den Betreuer nach § 1896 BGB übertragen worden ist (vgl. AG Düsseldorf, Urteil vom 29.11.2007 – 27 C 11629/06 –, juris).

Wenn die aufsichtsbedürftige Person einem/r Dritten einen Schaden widerrechtlich, das heißt ohne einen Rechtfertigungsgrund, zufügt, stellt sich die Frage, ob die nach dem Gesetz oder nach dem Vertrag zur Aufsicht verpflichtete Person haftet und in welchen Umfang sie ggf. Schadensersatz zu leisten hat. Dies richtet sich nach dem Inhalt der Aufsichtspflicht, wobei der Schaden trotz Verletzung der Aufsichtspflicht nicht zu ersetzen ist, wenn der Schaden auch bei ordnungsgemäßer Aufsicht entstanden wäre. Zu Inhalt und Umfang der Aufsichtspflicht siehe die Übersicht 62:

Inhalt und Umfang der Aufsichtspflicht je nach

Übersicht 62

1. Alter, Eigenart und Charakter der aufsichtsbedürftigen Person;

2. dem örtlichem Umfeld, Ausmaß der drohenden Gefahren;

3. Voraussehbarkeit des schädigenden Verhaltens;

4. Zumutbarkeit von Aufsichtsmaßnahmen (vgl. BGH, Urteil vom 13.12.2012 – III ZR 226/12 –, BGHZ 196, 35–45).

Nach §§ 249 ff. BGB bestimmt sich der Umfang des Schadensersatzes bei einer Aufsichtspflichtverletzung. Gemäß § 249 Abs. 1 BGB ist der Zustand herzustellen, der bestehen würde, wenn das Schadensereignis nicht eingetreten wäre. Bei einer Verletzung des Körpers, der Gesundheit, der Freiheit oder der sexuellen Selbstbestimmung kann gemäß § 253 Abs. 2 BGB auch Schmerzensgeld verlangt werden.

13.1.2 Arbeitsrecht

Das Arbeitsrecht ist ein Rechtsgebiet des Zivilrechts (Kap. 1.2.1) u. a. mit besonderen Schutzvorschriften für Arbeitnehmer/innen. Diese sind im Gegensatz zu selbstständig Tätigen abhängig beschäftigt, und zwar durch Einbeziehung in die Organisation und Unterstellung unter das Weisungsrecht des Arbeitgebers (Palandt 2015, Einf. vor § 611 Rz 10). Arbeitnehmer/innen können haften, wenn sie im Rahmen eines Arbeitsverhältnisses und einer vom Arbeitgeber veranlassten Tätigkeit durch eine Aufsichtspflichtverletzung einen Schaden verursachen (siehe dazu Tab. 1).

Tab. 1: Haftung nach Grad des Verschuldens

Verschulden ArbeitnehmerIn	Haftung ArbeitgeberIn	Haftung ArbeitnehmerIn
Vorsatz	0 %	100 %
grobe Fahrlässigkeit	abhängig vom Einzelfall	abhängig vom Einzelfall
mittlere Fahrlässigkeit	abhängig vom Einzelfall	abhängig vom Einzelfall
leichteste Fahrlässigkeit	100 %	0 %

Bei betrieblich veranlasster Tätigkeit im Rahmen eines Arbeitsverhältnisses wird die Arbeitnehmerhaftung also beschränkt (BAG NZA 2003, 37, 38): Nur bei vorsätzlichem Verhalten haftet der Arbeitnehmer bei einer solchen Tätigkeit unbeschränkt. Die möglichen Haftungsbeschränkungen bei grober und mittlerer Fahrlässigkeit müssen anhand des Einzelfalles beurteilt werden, wobei bei leichtester Fahrlässigkeit eine Arbeitnehmerhaftung ausgeschlossen ist. Außerdem spielen eine Rolle: Gefahrgeneigtheit der Tätigkeit, Schadenshöhe, Versicherbarkeit des Risikos, Stellung des Arbeitnehmers im Betrieb, Höhe des Arbeitsentgelts und sonstige persönliche Umstände, wie zum Beispiel das bisherige Verhalten (vgl. BAG NZA 2003, 37, 39).

13.1.3 Strafrecht

Zum Strafrecht im Allgemeinen und zu den Voraussetzungen strafrechtlich relevanten Handelns siehe Wabnitz 2014a, Kap. 13. Für Bildung und Soziale Arbeit sind insbesondere die sog. „unechten Unterlassungsdelikte" von Bedeutung. Diese werden durch Unterlassen einer zumutbaren Handlung verwirklicht, bei der der Täter bzw. die Täterin gemäß § 13 StGB rechtlich dafür einzustehen hat, dass der Erfolg der Handlung nicht eintritt. Dies setzt also eine sog. „Garantenstellung" voraus, die sich unter anderem aus Gesetz, aus Vertrag oder aus einer tatsächlichen Pflichtenübernahme ergeben kann mit dem Inhalt, die betreffende Person zu beschützen (Fischer 2015, § 13 Rz 7 bis 9). So können sich beispielsweise Mitarbeiterinnen und Mitarbeiter von kommunalen Jugendämtern und Sozialdiensten sowie die von ihnen beauftragten Mitarbeiter/innen von Trägern der freien Jugendhilfe aufgrund ihrer Garantenstellung einer fahrlässigen Tötung durch Unterlassen gemäß §§ 222, 13 StGB strafbar machen, wenn sie ihre Aufsichtspflicht insofern verletzt haben, als sie die von ihnen betreuten Kinder nicht vor den vorhersehbaren vorsätzlichen Misshandlungen durch die Mutter beschützt haben und die Kinder dadurch zu Tode gekommen sind (vgl. OlG Stuttgart, NJW 1998, 3131).

13.2 Gesetzliche Unfallversicherung

Die Haftung der Aufsichtspflichtigen für eine Verletzung ihrer Aufsichtspflicht kann beschränkt werden durch eine private Unfallversicherung, deren Schutzumfang sich nach dem jeweiligen Vertrag bestimmt, wobei der Vertrag nach dem Versicherungsvertragsgesetz (VVG) beurteilt wird. Daneben kommt ein Schutz der Aufsichtsbedürftigen gegen Aufsichtspflichtverletzungen durch die Gesetzliche Unfallversicherung in Betracht, die im SGB VII geregelt ist und im Folgenden behandelt wird.

13.2.1 Versicherter Personenkreis und Versicherungsfall

Im Bildungsbereich sind insbesondere folgende Personen kraft Gesetzes unfallversichert:

- **Kinder in Tageseinrichtungen** und während der Betreuung durch Tagespflegepersonen (§ 2 Abs. 1 Nr. 8a SGB VII);
- **Schülerinnen und Schüler** in allgemein oder berufsbildenden Schulen (§ 2 Abs. 1 Nr. 8b SGB VII).

Ein Versicherungsfall, bei dem die gesetzliche Unfallversicherung leisten muss, liegt bei Arbeitsunfällen und Berufskrankheiten vor (§ 7 Abs. 1 SGB VII). Für Aufsichtspflichtverletzungen in der Bildungsarbeit ist vor allem der Arbeitsunfall als Versicherungsfall bedeutsam.

In Schulen und Kindergärten ist es allerdings fraglich, ob jede Tätigkeit der Kinder und Schülerinnen und Schüler versichert ist. Diese Frage muss für jeden Einzelfall in Bezug auf den Versicherungszweck dieser Personenkreise geprüft werden (Ziegler in Becker et al. 2014, § 8 Rz 140–143).

13.2.2 Leistungsumfang

Bei Vorliegen der gesetzlichen Voraussetzungen haben Versicherte „nach Maßgabe" der §§ 26 ff. SGB VII „und unter Beachtung des Neunten" Sozialgesetzbuches „Anspruch auf Heilbehandlung einschließlich Leistungen zur medizinischen Rehabilitation, auf Leistungen zur Teilhabe am Arbeitsleben und am Leben in der Gemeinschaft, auf ergänzende Leistungen, auf Leistungen bei Pflegebedürftigkeit sowie auf Geldleistungen" (§ 26 Abs. 1 Satz 1 SGB VII).

13.2.3 Einschränkung der Haftung der Versicherten

Der Arbeitgeber bzw. der Unternehmer haftet für den Ersatz des Personenschadens bei einem Arbeitsunfall aufgrund einer Aufsichtspflichtverletzung innerhalb des Betriebes nur, wenn er ihn vorsätzlich herbeigeführt hat (vgl. § 104 Abs. 1 Satz 1 SGB VII). Für ArbeitnehmerInnen gilt Entsprechendes. Bei Kindertagesstätten und Schulen gilt die Haftungsbeschränkung für Tätigkeiten, die im Zusammenhang mit dem Betrieb dieser Einrichtungen stehen (Grüner in Becker et al. 2014, § 106 Rz 4).

13.3 Datenschutz

13.3.1 Recht auf informationelle Selbstbestimmung

Rechtliche Grundlage des Datenschutzrechts ist das Grundrecht auf informationelle Selbstbestimmung, das das Bundesverfassungsgericht aus dem allgemeinen Persönlichkeitsrecht nach Art. 1 Abs. 1 GG i. V. m. Art. 2 Abs. 1 GG hergeleitet hat. Dieses gewährleistet dem Einzelnen die Befugnis, „grundsätzlich selbst über die Preisgabe und Verwendung seiner persönlichen Daten zu bestimmen", wobei Einschränkungen dieses Grundrechts nur aufgrund einer verfassungsgemäßen gesetzlichen Grundlage möglich sind (BVerfG, Urteil vom 15.12.1983, BVerfGE 65, 1 bis 71). Auch in Art. 8 der Europäischen Menschenrechtskonvention (EMRK) ist dieses Recht enthalten. Nachhaltige Bildungsarbeit ist nur möglich, wenn die Lernenden darauf vertrauen können, dass ihre Daten im oben genannten Sinne geschützt werden.

13.3.2 Struktur des Datenschutzrechts

Der Datenschutz ist für die unterschiedlichen Institutionen im Bildungs- und Sozialbereich in verschiedenen Gesetzen geregelt. Für den Datenschutz in Schulen gelten landesrechtliche Regelungen (vgl. z. B. § 83 HSchulG i. V. m. dem Hessischen Datenschutzgesetz). Der Datenschutz der öffentlichen Jugendhilfe ist in den Sozialgesetzbüchern VIII, I und X geregelt (§§ 61 bis 68 SGB VIII; 35 SGB I; 67 bis 85a SGB X). Diese Regelungen können im Rahmen der §§ 61 Abs. 3 SGB VIII, 78 Abs. 1 S. 2 SGB X auf die Träger der freien Jugendhilfe übertragen werden. Zum Datenschutz in der öffentlichen und freien Jugendhilfe siehe die Übersicht 63 (zur umfassenden Datenschutzprüfung in der öffentlichen Jugendhilfe siehe Kunkel 2013a, § 61 Gliederung, 1.3 bis 1.5):

Datenschutz in der Kinder- und Jugendhilfe

Übersicht 63

1. **Datenschutz in der öffentlichen Jugendhilfe**
   1.1 Der Schutzbereich nach §§ 61 Abs. 1 SGB VIII, 35 SGB I muss eröffnet sein
   1.2 Eingriff: vgl. §§ 61 Abs. 1 SGB VIII, 67 Abs. 5 bis 7 SGB X
   1.3 Rechtfertigung des Eingriffs aufgrund von
      1.3.1 §§ 62 bis 65, 68 SGB VIII oder
      1.3.2 §§ 61 Abs. 1 SGB VIII, 67a ff. SGB X

2. **Datenschutz in der freien Jugendhilfe**
   2.1 §§ 61 Abs. 3 SGB VIII, 78 Abs. 1 S. 2 SGB X
   2.2 Bundesdatenschutzgesetz (BDSG)
   2.3 §§ 311, 241 Abs. 2, 242 BGB
   2.4 Datenschutz bei kirchlichen Trägern: durch eigene Datenschutzregelungen (aufgrund von Art. 140 GG i. V.m. Art. 137 Abs. 3 WRV)

Das BDSG regelt den Datenschutz der freien Jugendhilfe (vgl. § 1 Abs. 2 Nr. 3 i. V. m. § 2 Abs. 4 BDSG), wobei die kirchlichen Träger aufgrund von Art. 140 GG i. V.m. Art. 137 Abs. 3 Weimarer Reichsverfassung (WRV) ihre eigenen datenschutzrechtlichen Regelungen erlassen haben (siehe z.B. Anordnungen für den kirchlichen Datenschutz (KDO) in Bezug auf die Katholische Kirche). Auch kann sich bei Trägern der freien Jugendhilfe eine Pflicht zum Datenschutz aus einer Nebenpflicht des privatrechtlichen Vertrages ergeben, den beispielsweise die sorgeberechtigten Eltern mit einem Träger der freien Jugendhilfe schließen (vgl. §§ 311, 241 Abs. 2, 242 BGB).

Der Aufbau des Datenschutzrechts wird im Folgenden weiterhin am Sozialdatenschutz der öffentlichen Jugendhilfe erläutert. Der Schutzbereich des Sozialdatenschutzes, in dem sich das Recht auf informationelle Selbstbestimmung widerspiegelt, ist in § 35 SGB I geregelt. Gemäß § 35 Abs. 1 Satz 1 SGB I hat jeder einen Anspruch darauf, „daß die ihn betreffenden Sozialdaten (§ 67 Abs. 1 Zehntes Buch) von den Leistungsträgern nicht unbefugt erhoben, verarbeitet oder genutzt werden (Sozialgeheimnis)." Was Sozialdaten im Einzelnen beinhalten und was die Eingriffe in den Schutzbereich des Sozialgeheimnisses durch Erhebung, Verarbeitung und Nutzung genau bedeuten, wird in § 67 SGB X definiert. Diese Eingriffe sind nur gerechtfertigt beziehungsweise erlaubt, wenn sie von einem gesetzlichen Erlaubnistatbestand gedeckt sind (vgl. § 35 Abs. 2 SGB I). Als Erlaubnistatbestände für die Eingriffe in das Sozialgeheimnis kommen die in der Übersicht 63 genannten Vorschriften in Betracht. Wenn eine wirksame Einwilligung des Betroffenen in Bezug auf die Datenverwaltung nicht vorliegt (zur Erstellung einer wirksamen Einwilligung siehe Lehmann/Radewagen 2011, 69 f.), müssen die jeweiligen Voraussetzungen der Erlaubnistatbestände erfüllt sein zur Rechtfertigung eines Eingriffs in das Sozialgeheimnis.

13.3.3 Haftung bei Verletzung der datenschutzrechtlichen Vorschriften

Ein Verstoß gegen Vorschriften des Datenschutzrechts kann die in der Übersicht 64 genannten straf- und ordnungswidrigkeitsrechtlichen Sanktionen, zivilrechtlichen Schadensersatzansprüche sowie ggf. auch arbeitsrechtlichen und disziplinarischen Maßnahmen zur Folge haben.

Mögliche Folgen von Verstößen gegen das Datenschutzrecht

Übersicht 64

1. **Straf- und ordnungswidrigkeitsrechtliche Sanktionen nach**
1.1 § 203 StGB

1.2 §§ 85, 85a SGB X
1.3 §§ 43, 44 BDSG

2. Schadensersatzansprüche nach
2.1 § 82 SGB X
2.2 §§ 7, 8 BDSG
2.3 §§ 280 Abs. 1, 241 Abs. 2 BGB
2.4 § 823 Abs. 1 BGB i. V. m. Art. 1 I, Art. 2 I GG
2.5 § 839 BGB i. V. m. Art. 34 GG

3. Arbeitsrechtliche Maßnahmen (z. B. Abmahnung)

📖 **Literatur**

Becker, H., Franke, E., Molkentin, Th. (Hrsg.) (2014): Sozialgesetzbuch VII. Gesetzliche Unfallversicherung, Lehr- und Praxiskommentar. 4. Aufl.
Dieball, H., Lehmann, K.-H. (2009): Basiswissen zu Aufsichtspflicht und Haftung. Grundlegender Leitfaden rechtlicher Vorgaben für die Arbeit mit Kinder und Jugendlichen
Fischer, Th. (2015): Strafgesetzbuch. 62. Aufl.
Lehmann, K.-H., Radewagen, C. (2011): Basiswissen Datenschutz – Ist gute Arbeit trotz Schweigepflicht möglich? Ein grundlegender Leitfaden für die Arbeit in der Kinder- und Jugendhilfe

13.4 Fall: Tauschbörsen und zerstochene Reifen

Die staatlich anerkannte Sozialarbeiterin S arbeitet als Schulsozialarbeiterin für den Träger der freien Jugendhilfe „Wertschätzung e. V.". Sie ist nachmittags in einer Einrichtung des Trägers tätig, in der Hilfen zur Erziehung in einer Tagesgruppe gemäß § 32 SGB VIII angeboten werden, und vormittags in einer Schule.

1. Im Rahmen der Tagesgruppenbetreuung kommt Mutter M auf S zu und schildert ihr folgenden Sachverhalt: Ihr 13-jähriger Sohn N habe mit seinem Notebook zu Hause ein Computerspiel der Computerspiel GmbH im Rahmen eines Filesharing-Programms zum Download für Nutzer einer Tauschbörse bereitgestellt, obwohl sie N eine Teilnahme an solchen Tauschbörsen wegen der möglichen Urheberrechtsverletzungen verboten habe. Da N ein aufgewecktes Kind sei und ihre begründeten

Verbote bisher immer eingehalten habe, habe sie ihn nicht weiter kontrolliert. Nun sei aufgrund des Verhaltens von N eine hohe Schadensersatzforderung einer Rechtsanwaltskanzlei gegen sie ins Haus geflattert mit der Begründung, dass ihr Sohn N das Urheberrecht in Bezug auf das Computerspiel verletzt und sie eine Aufsichtspflichtverletzung begangen habe. Hat die Computerspiel GmbH gegen Mutter M einen Schadensersatzanspruch gemäß § 832 Abs. 1 BGB i.V.m. §§ 97 Abs. 2, 15 Abs. 2 Satz 2 Nr. 2, 19a Urheberrechtsgesetz i.V.m. § 13 GmbH-Gesetz aufgrund der Urheberrechtsverletzung ihres Sohnes? (Es ist davon auszugehen, dass M alle ihre Angaben beweisen kann.)
2. Der Verein Wertschätzung e.V. hält in seiner Einrichtung Computerplätze mit Internetanschluss für die Kinder und Jugendlichen vor. S wird beauftragt, ein Konzept für die Benutzung der Computerplätze zu entwickeln, das den Verein vor Schadensersatzforderungen aufgrund § 832 BGB schützt, wenn die Kinder- und Jugendlichen Musik und Computerspiele im Rahmen von Filesharing-Programmen zum Download für Tauschbörsennutzer bereitstellen. Bitte skizzieren Sie grob das Konzept, in dem Sie Anregungen für die Durchführung der Computernutzung geben und diese Anregungen rechtlich begründen.
3. Eines Tages kommt der 14-jährige B im Rahmen ihrer Arbeit an der Schule auf S zu und möchte sie unter vier Augen sprechen. Er teilt ihr im Vertrauen mit, dass er vor ein paar Wochen die Autoreifen seines Lehrers zerstochen habe. Dies sei eine Mutprobe gewesen.
Hat S in strafrechtlicher Hinsicht etwas zu befürchten, wenn sie den Sachverhalt ohne Einwilligung von B dessen Lehrer erzählt?
Muss S in einer Jugendgerichtsverhandlung aussagen, wenn sie als Schulsozialarbeiterin beim Jugendamt statt bei dem Jugendhilfeverein „Wertschätzung e.V." angestellt wäre?

14 UN-Kinderrechtskonvention
von Markus Fischer

14.1 UN-Kinderrechtskonvention (UN-KRK)

Das Übereinkommen über die Rechte des Kindes (UN-KRK) vom 20.11.1989 ist ein völkerrechtlicher Vertrag. Mittlerweile 193 Vertragsstaaten sind dieser Konvention beigetreten (Wabnitz 2015a, 89). Das Übereinkommen war von der Bundesrepublik Deutschland am 26.01.1990 unterzeichnet worden und ist aufgrund des Gesetzes vom 17.02.1992 (BGBl. II, 121) und Art. 59 Abs. 2 GG in Kraft getreten – mit bestimmten Vorbehalten seitens der Bundesrepublik Deutschland. Seit dem 15.07.2010 gilt die UN-KRK in Deutschland uneingeschränkt, nachdem diese Vorbehalte durch Beschluss des Bundesrats vom 26.03.2010 und der Bundesregierung vom 03.05.2010 zurückgenommen worden sind und das Rücknahmeschreiben formal am 15.07.2010 an die Vereinten Nationen übergeben worden ist (Wabnitz 2015a, 91). Zudem gilt in Deutschland und in weiteren neun Staaten seit dem 14.04.2014 das dritte Zusatzprotokoll zur UN-KRK, in dem ein Beschwerdeverfahren für Kinder in Bezug auf die Durchsetzung der Kinderrechte geregelt ist (BMFSFJ 2014, 5).

14.1.1 Bedeutung der Kinderrechte

Die UN-KRK besitzt den Rang eines einfachen Bundesgesetzes (BVerfG, Nichtannahmebeschluss vom 05.07.2013 – 2 BVR 708/12, juris; Schmahl 2013, Einleitung Rz 25). Das Übereinkommen kann zudem zur Auslegung der Grundrechte und anderer Gesetze herangezogen werden (BVerfG, Nichtannahmebeschluss vom 05.07.2013 – 2 BVR 708/12, juris; Schmahl 2013, Einleitung Rz 25).

14.1.2 Überblick über die Kinderrechte

Tab. 2: Übersicht Kinderrechte nach der UN-KRK (Einteilung nach Maywald 2012, 50):

Schutzrechte	Förderrechte	Beteiligungsrechte
Art. 2, 8, 9, 16, 17, 19, 20, 22, 30, 32-38, 40	Art. 3, 6, 10, 14, 15, 17, 18, 23, 24, 27, 28, 31, 39	Art. 12, 13, 17

Die Kinderrechte gelten in Deutschland für alle Menschen, die das 18. Lebensjahr noch nicht vollendet haben (Art. 1 UN-KRK). Die Konvention enthält neben einer Präambel 54 Artikel. Ihr erster Teil (Art. 1 bis 41 UN-KRK) enthält die materiellen Kinderrechte, während im zweiten Teil (Art. 42 bis 45 UN-KRK) Informations- und Berichtspflichten vorgeschrieben werden. So sind die Vertragsstaaten gemäß Art. 42 UN-KRK verpflichtet, die Erwachsenen und Kinder über die Kinderrechte zu informieren, und in Art. 44 UN-KRK ist die Verpflichtung der Vertragsstaaten festgeschrieben, den Kinderrechtsausschuss (gemäß Art. 43 UN-KRK) über die Verwirklichung der Kinderrechte zu informieren. Der dritte Teil (Art. 46 bis 54 UN-KRK) beinhaltet Formvorschriften.

Die materiellen Kinderrechte des ersten Teils können unterschieden werden in Schutz-, Förder- und Beteiligungsrechte. Mit den Schutzrechten gewähren die Vertragsstaaten den Kindern unter anderem Schutz vor Diskriminierung (Art. 2 UN-KRK), Identitätsverlust (Art. 8 UN-KRK), unbefugter Trennung von den Eltern (Art. 9 UN-KRK), rechtswidrigen Eingriffen in die Privatsphäre (Art. 16 UN-KRK), schlechten Einflüssen der Medien (Art. 17 UN-KRK), Gewalt (Art. 19 UN-KRK) und vor Gefahren beim Leben außerhalb der Familie (Art. 20, 22 UN-KRK).

Die Förderrechte unterstützen die Kinder durch Rechte unter anderem in Bezug auf ihr Kindeswohl (Art. 3 UN-KRK), ihr Leben (Art. 6 UN-KRK), Familienzusammenführung (Art. 10 UN-KRK), ihre Gesundheit (Art. 24 UN-KRK), ihre Lebensbedingungen (Art. 27 UN-KRK), Bildung, Freizeit und kulturelles Leben (Art. 31 UN-KRK). Die Beteiligungsrechte schließlich sichern den Kindern Mitwirkung in ihren eigenen Angelegenheiten zu, sodass dem Kindeswillen bzw. der Meinung des Kindes Geltung verschafft werden soll (Art. 12 UN-KRK).

14.1.3 Kinderrechte als Grundrechte in das Grundgesetz?

Während in den Landesverfassungen bereits überwiegend Kinderrechte aufgenommen sind (z. B. in Art. 24 der Verfassung für Rheinland-Pfalz und Art. 6 der Verfassung des Landes Nordrhein-Westfalen), enthält das Grundgesetz bisher keine spezifischen Kinder(grund)rechte. Damit die Kinderrechte in das Grundgesetz aufgenommen werden können, bedarf es einer Grundgesetzänderung gemäß Art. 79 Abs. 2 GG. Demnach müssen zwei Drittel der Mitglieder des Deutschen Bundestages und zwei Drittel der Mitglieder des Bundesrates einer solchen Gesetzesänderung zustimmen. Bisher sind solche Mehrheiten nicht zustande gekommen.

Für die Aufnahme von Kinderrechten als Grundrechte auch in das Grundgesetz spricht vor allem Folgendes. Zwar gelten die derzeitigen Grundrechte für alle Menschen und damit auch für Kinder, jedoch werden diese Grundrechte den besonderen Belangen von Kindern und Jugendlichen, die noch nicht die Möglichkeiten von Erwachsenen haben, nicht gerecht.

Außerdem gibt es nach wie vor Umsetzungsdefizite mit Blick auf die in der UN-Kinderrechtskonvention kodifizierten Rechte sowohl im deutschen Rechtssystem als auch im Bewusstsein von Politik, gesellschaftlichen Institutionen, Rechtspraxis und Verwaltung. Eine Aufnahme von Kinderrechten in das Grundgesetz hätte schließlich auch die Konsequenz, dass Gesetze, die für die Gestaltung der Lebensverhältnisse von Kindern und Jugendlichen von Bedeutung sind, von ihrem Recht auf Entwicklung zu einer eigenverantwortlichen und gemeinschaftsfähigen Persönlichkeit her zu konzipieren wären.

Auch der UN-Ausschuss für die Rechte des Kindes hat die Bundesrepublik Deutschland deshalb immer wieder – 1995, 2004 und erneut 2014 – dazu aufgefordert, Kinderrechte im Grundgesetz zu verankern. Eine solche Verankerung der Kinderrechte im Grundgesetz könnte z.B. durch die Einführung eines Art. 2 Abs. 3 GG oder eines Art. 2 Abs. 1a GG realisiert werden, im Wesentlichen mit den folgenden Inhalten:

- **Rechte des Kindes (und Jugendlichen) auf Anerkennung als eigenständige Persönlichkeit**, auf Entwicklung und Entfaltung, auf Schutz, Fürsorge und Beteiligung;
- **Vorrang des Kindeswohls** bei allen Kinder und Jugendliche betreffenden Entscheidungen, entsprechend Art. 3 Abs. 1 UN-KRK;
- **Verpflichtung des Staates, für kindgerechte Lebensbedingungen Sorge zu tragen**, entsprechend Art. 4 UN-KRK (Deutscher Bundestag 2013, 14. Kinder- und Jugendbericht 378, 379).

14.2 Art. 3 Abs. 1 UN-KRK

Art. 3 Abs. 1 UN-KRK lautet: „Bei allen Maßnahmen, die Kinder betreffen, gleichviel ob sie von öffentlichen oder privaten Einrichtungen der sozialen Fürsorge, Gerichten, Verwaltungsbehörden oder Gesetzgebungsorganen getroffen werden, ist das Wohl des Kindes ein Gesichtspunkt, der vorrangig zu berücksichtigen ist."

14.2.1 Inhalt des Art. 3 Abs. 1 UN-KRK

Art. 3 Abs. 1 UN-KRK, der als Generalklausel den Vorrang des Kindeswohls beinhaltet, wird zu den allgemeinen Prinzipien der Konvention gezählt und gibt damit eine Leitlinie für die Auslegung des Übereinkommens über die Rechte des Kindes vor (Maywald 2012, 40). Dabei wird überwiegend angenommen, dass spätestens aufgrund der Rücknahme der Vorbehaltserklärungen zur UN-KRK von 1992 durch die Bundesrepublik Deutschland im Jahre 2010 Art. 3 Abs. 1 UN-KRK unmittelbar anwendbar ist (Wabnitz 2015a, 91; offen gelassen in OVG Lüneburg, Beschluss vom 02.10.2012 -8 LA 209/11-, juris).

Art. 3 Abs. 1 UN-KRK bedeutet allerdings nicht, dass bei sämtlichen Verwaltungsakten, Gerichtsentscheidungen und Gesetzen das Kindeswohl letztendlich der maßgebliche Entscheidungsfaktor ist, sondern drückt vielmehr nur aus, dass bei der Abwägung im Rahmen dieser Entscheidungen das Kindeswohl ein Gesichtspunkt darstellt, dem ein erhebliches – vorrangiges – Gewicht beizumessen ist.

Fraglich ist dabei, was unter „Kindeswohl" zu verstehen ist. Darunter wird in der deutschen Rechtsprechung alles verstanden, was – aus objektiver Sicht betrachtet – der Erziehung und Entwicklung eines gesunden, zur Selbstbestimmung und Selbstverantwortung fähigen jungen Menschen dient (vgl. OLG Frankfurt, Beschluss vom 23.08.2012 – 4 UF 154/10 –, juris). Für diese Bestimmung des Kindeswohlbegriffs wird der Kindeswille als ein (subjektiver) Faktor unter mehreren herangezogen (vgl. Verfassungsgericht des Landes Brandenburg, Beschluss vom 12.12.2014 – 23/14 –, juris).

Art. 54 UN-KRK schreibt nun vor, dass die Urschrift der Kinderrechtskonvention u.a. in englischer Sprache verbindlich ist (sowie in den fünf weiteren UN-Sprachen, zu denen die deutsche Sprache nicht zählt). Im Gegensatz zur deutschen Übersetzung der Konvention ist deshalb u.a. die englische Fassung verbindlich. Dort wird das Kindeswohl mit „the Best Interests of the Child" umschrieben. Die wörtliche Übersetzung „die besten Interessen des Kindes" stellt heraus, dass der Kindeswille eine erhebliche Rolle bei der Bestimmung des Kindeswohls spielt (siehe auch Maywald 2012, 43, 94 ff., 104; Schmahl 2013, Art. 3, Rz 2, die allerdings keinen Bedeutungsunterschied zwischen den Begriffen „Kindeswohl" und „die besten Interessen des Kindes" sieht). Dies bedeutet zumindest, dass aufgrund der UN-KRK dem (subjektiven) Kindeswillen ein größeres Gewicht beizumessen ist, als dies in der deutschen Rechtspraxis bisher der Fall ist.

14.2.2 Berücksichtigung des Art. 3 Abs. 1 UN-KRK im deutschen Recht

Kinderrechte und auch das Vorrangprinzip des Art. 3 Abs. 1 UN-KRK genießen, wie dargelegt, bisher zwar keinen Verfassungsrang. Das Kindeswohl (bzw. gelegentlich auch der Kindeswille) stellen jedoch in zahlreichen Vorschriften des BGB und des SGB VIII den wesentlichen Maßstab für Entscheidungen im Einzelfall dar, die Kinder oder Jugendliche betreffen (vgl. §§ 1626 Abs. 2; 1631 Abs. 2; 1631a; 1632 Abs. 4; 1666; 1671; 1684; 1697a BGB; §§ 157; 158 FamFG; §§ 1; 8; 8a; 18 Abs. 3; 36; 42 SGB VIII). In Kindschaftssachen hat zudem ein „Verfahrensbeistand" die Aufgabe, „das Interesse des Kindes festzustellen und im gerichtlichen Verfahren zur Geltung zu bringen" (§ 158 Abs. 4 Satz 1 FamFG). Zudem kommt dem Willen eines 14-jährigen Kindes in bestimmten Fällen eine besondere Bedeutung zu (vgl. § 1671 Abs. 1 Satz 2 Nr. 1 BGB, § 1671 Abs. 2 Satz 2 Nr. 1 BGB).

14.2.3 Vereinbarkeit des deutschen Rechts mit Art. 3 Abs. 1 UN-KRK?

Inwiefern die vorbehaltslose Geltung der vorrangigen Berücksichtigung des Kindeswohls nach Art. 3 Abs. 1 UN-KRK das deutsche Familien- sowie Kinder- und Jugendhilferecht künftig ändern wird, bleibt abzuwarten (dazu eingehend Wabnitz 2015a, 91–93). Es stellen sich allerdings bereits jetzt u. a. folgende Fragen: „Ist die Abschiebung des sozialen, aber nicht rechtlichen Vaters vertretbar, wenn die Mutter dann als Alleinerziehende zurückbleibt? Ist die Versagung einer Krankenhilfe bei einer nicht akuten oder aufschiebbaren Behandlungsnotwendigkeit gerechtfertigt oder gebietet das Kindeswohl hier andere Maßstäbe als bei Erwachsenen" (Heinhold 2012, 24)?

Weitere Regelungen des Aufenthalts- und Asylrechts erscheinen bereits jetzt als problematisch in Bezug auf die Berücksichtigung des Kindeswohlprinzips sowie auf Art. 22 Abs. 2 Satz 2 UN-KRK. Nach dieser Vorschrift ist Flüchtlingskindern, deren Eltern oder andere Familienangehörige nicht ausfindig gemacht werden können, nach den in dem „Übereinkommen enthaltenen Grundsätzen derselbe Schutz zu gewährleisten wie jedem anderen Kind, das aus irgendeinem Grund dauernd oder vorübergehend aus einer familiären Umgebung herausgelöst ist." In diesem Zusammenhang begegnen insbesondere die Regelungen der §§ 80 Abs. 1 AufenthaltsG, 12 Abs. 1 AsylVfG und §§ 57, 80 Abs. 2 AufenthG rechtlichen Bedenken. Denn gemäß §§ 80 Abs. 1 AufenthG, 12 Abs. 1 AsylVfG sind jugendliche AusländerInnen ab der Vollendung des 16. Lebensjahres handlungs- und verfahrensfähig. Dies kann zur Folge haben, dass sie das komplizierte Asylverfahren alleine bewältigen müssen. Und gemäß §§ 57, 80 Abs. 2 AufenthG können Flüchtlingskinder ohne Eltern im Grenzbereich zurückgewiesen bzw. abgeschoben werden (siehe zum Ganzen Heinhold 2012, 77).

14.3 Art. 28 Abs. 1 UN-KRK

„Die Vertragsstaaten erkennen das Recht des Kindes auf Bildung an; um die Verwirklichung dieses Rechts auf der Grundlage der Chancengleichheit fortschreitend zu erreichen, werden sie insbesondere

a. den Besuch der Grundschule für alle zur Pflicht und unentgeltlich machen;
b. die Entwicklung verschiedener Formen der weiterführenden Schulen allgemein bildender und berufsbildender Art fördern, sie allen Kindern verfügbar und zugänglich machen und geeignete Maßnahmen wie die Einführung der Unentgeltlichkeit und die Bereitstellung finanzieller Unterstützung bei Bedürftigkeit treffen;
c. allen entsprechend ihren Fähigkeiten den Zugang zu den Hochschulen mit allen geeigneten Mitteln ermöglichen;
d. Bildungs- und Berufsberatung allen Kindern verfügbar und zugänglich machen;
e. Maßnahmen treffen, die den regelmäßigen Schulbesuch fördern und den Anteil derjenigen, welche die Schule vorzeitig verlassen, verringern."

14.3.1 Inhalt des Art. 28 UN-KRK

Art. 28 UN-KRK beinhaltet also ein Recht auf Bildung, das durch die Bildungsziele gemäß Art. 29 UN-KRK näher ausgestaltet wird. Unter Bildung wird dabei sowohl der Erwerb grundlegender Fähigkeiten verstanden als auch „die Weiterentwicklung von geistigen und sozialen Fähigkeiten" (Schmahl 2013, Art.28/29, Rz 2), wobei eine Verbindung dieses Rechts mit dem Diskriminierungsverbot aus Art. 2 Abs. 1 KRK sowie der Gewährleistung der Entwicklung des Kindes nach Art. 6 Abs. 2 UN-KRK angenommen wird (Schmahl 2013, Art. 28/29, Rz 1). Ein ausdrückliches Recht auf „Vorschulbildung" und auf „inklusive Beschulung" beinhaltet Art. 28 Abs. 1 UN-KRK allerdings nicht (Schmahl 2013, Art. 28, Rz 4, 8). Aus Art. 28 Abs. 1 i. V.m. Art. 2 Abs.1 UN-KRK folgt jedoch die Verpflichtung zur „Sicherstellung des Schulunterrichts für Kinder ohne legalen Aufenthaltsstatus" (Schmahl 2013, Art. 28/29, Rz 9).

Außerdem gibt es nach der UN-KRK ein Recht auf freie Teilnahme am kulturellen und künstlerischen Leben nach Art. 31 UN-KRK sowie gemäß Art. 30 UN-KRK das Recht eines Kinder, das einer ethnischen, religiösen oder sprachliche Minderheit angehört, „in Gemeinschaft mit anderen Angehörigen seiner Gruppe seine eigene Kultur zu pflegen, sich zu seiner eigenen Religion zu bekennen und sie auszuüben oder seine eigene Sprache zu verwenden."

14.3.2 Berücksichtigung des Art. 28 UN-KRK im deutschen Recht

Im deutschen Recht ist das Recht auf Bildung „weitgehend verwirklicht" (Schmahl 2013, Art.28/29, Rz 28). Das Recht auf Bildung von Kindern ohne legalen Aufenthaltsstatus wird unterstützt durch § 87 Abs. 1 AufenthG, wonach Schulen und Bildungseinrichtungen keine Meldung über bekannt gewordene Kinder (mehr) erstatten müssen, die keine Aufenthaltsberechtigung in Deutschland besitzen.

14.3.3 Vereinbarkeit des deutschen Rechts mit Art. 28 UN-KRK?

§ 8 BAFÖG und § 59 SGB III beschränken die Ausbildungsförderung und die Berufsausbildungsbeihilfe auf bestimmte Personengruppen. Zweifelhaft ist, ob diese Beschränkungen mit dem Recht auf Bildung nach § 28 UN-KRK in Verbindung mit dem Diskriminierungsverbot nach § 2 Abs. 1 UN-KRK vereinbar sind (Heinhold 2012, 74).

📖 Literatur

Bundesministerium für Familie, Senioren, Frauen und Jugend (Hrsg.) (2014): Übereinkommen über die Rechte des Kindes

Geiger, G. (Hrsg.) (2011): Kinderrechte sind Menschenrechte! Kinderrechte in Deutschland

Heinhold, H. (2012): Alle Kinder haben Rechte. Arbeitshilfe für die Beratung von Kindern und Jugendlichen mit Migrationshintergrund

Liebel, M. (2013): Kinder und Gerechtigkeit. Über Kinderrechte neu nachdenken

Maywald, J. (2012): Kinder haben Rechte! Kinderrechte kennen – umsetzen – wahren

Penka, S., Fehrenbacher, R. (Hrsg.) (2012): Kinderrechte umgesetzt. Grundlagen, Reflexion und Praxis

Schmahl, S. (2013): Kinderrechtskonvention mit Zusatzprotokollen. Handkommentar

Wabnitz, R. J. (2015a): 20 Jahre Umsetzung der UN-Kinderrechtskonvention in Deutschland – seit dem Ersten Staatenbericht 1994 und den „Concluding observations" 1995

14.4 Fall: Der Elternabend

Schulsozialarbeiter S will an seiner Schule eine Kinderrechtswoche veranstalten. Um die Eltern vorab über die Woche zu informieren, findet ein Elternabend statt.

1. Als Einstieg macht S mit den Eltern ein kleines Quiz zu den Kinderrechten und stellt dabei u. a. folgende Fragen:
   Seit wann hat Deutschland die Kinderrechte vorbehaltlos anerkannt?
   Wer wird in Deutschland als Kind angesehen im Sinne der Kinderrechtskonvention?
   Sind die Kinderrechte im Grundgesetz verankert?
2. Rechtsanwältin R ist der Auffassung, dass ihre Tochter T statt der Kinderrechtswoche mehr Mathematikstunden bekommen solle. Sie fragt S: Welche rechtliche Bedeutung haben die Kinderrechte?
3. Frau D will von S wissen, ob ihre siebenjährige Tochter aufgrund der Kinderrechte einen Anspruch auf einen Besuch einer französischsprachigen Grundschule hat. Aus Kapazitätsgründen ist ihrer Tochter der Besuch einer solchen (und zudem wohnortnahen) Schule verweigert worden. Besteht ein solcher Anspruch?
   Was würden Sie auf die Fragen antworten?

Anhang

Musterlösungen

Vorbemerkungen zu den Fallbearbeitungen:
Bei Fallbearbeitungen muss man das systematisch erarbeitete Wissen gleichsam „umorganisieren". Dies entspricht auch der Realität: Denn die Klientinnen und Klienten in der Praxis wollen nicht lehrbuchmäßiges Wissen referiert bekommen, sondern erwarten eine praktische Hilfestellung mit Blick auf ihre individuellen Probleme. Das dafür erforderliche Rechtswissen muss deshalb „punktgenau" ausgewählt und angewendet werden.

Dazu muss zunächst eine möglicherweise „passende" Rechtsnorm (ein §) ausgewählt und dann mit dem konkreten Sachverhalt (der „Fallgeschichte" nach dem Aufgabentext) „verglichen werden". Juristen nennen diese Vorgehensweise „Subsumtion", bei der der Sachverhalt quasi „unter die Norm geschoben" wird (lat. subsumere). Erfüllt der Sachverhalt alle abstrakten Tatbestandsmerkmale des ausgewählten Paragraphen, so tritt die dort vorgesehene Rechtsfolge ein. Mit anderen Worten: Wenn der Sachverhalt alle (!) Tatbestandsmerkmale der Rechtsnorm verwirklicht bzw. wenn der Tatbestand der Norm in vollem Umfang auf den Sachverhalt angewendet werden kann (darauf „passt"), dann gilt auch für den konkreten Sachverhalt die in der Rechtsnorm bestimmte Rechtsfolge; anderenfalls nicht.

Dieses Wissen soll nun anhand von Fall 1.4 exemplarisch angewendet werden. Insbesondere bei komplizierten (weniger bei sehr einfachen) Fallgestaltungen empfiehlt es sich, dabei lehrbuchmäßig ausführlich die bei der Lösung 1.4 dargestellten fünf Schritte zu durchlaufen (Näheres bei Wabnitz 2014a, Kap. 3.3).

Lösung Fall 1.4: Schlägerei und Schadensersatz

Schadensersatzanspruch des A gegenüber B:

1. Zunächst „vorsichtiges Herantasten": Ein Schadensersatzanspruch des A könnte sich ergeben aus § 823 Abs. 1 BGB (Rechtsfolge: … „ist dem anderen zum Ersatz des daraus entstehenden Schadens verpflichtet.").

2. Dies setzt voraus, dass B gemäß dem Tatbestand des § 823 Abs. 1 BGB „vorsätzlich oder fahrlässig (A's) Leben, dessen Körper, Gesundheit, Freiheit, Eigentum oder ein sonstiges Recht eines anderen (hier: des A) widerrechtlich verletzt" und ihm dadurch einen „Schaden" zugefügt hat.

3. Nun ist der jeweilige Sachverhalt (die „story" aus dem Aufgabentext/der Fallschilderung, soweit relevant!) genau in den Blick zu nehmen: siehe Sachverhalt von Fall 1.4.

4. Und jetzt folgt als Kern der Fallbearbeitung die Subsumtion (der Vergleich, die Zuordnung, das „Unterschieben") des Sachverhalts (3.) unter den Tatbestand (2.) des § 823 Abs.1 BGB: B hat A's Körper gezielt und absichtlich – damit vorsätzlich – durch den Faustschlag in das Gesicht (eventuell auch A's Gesundheit) verletzt. Durch die Gesichtsverletzung ist ihm auch ein Körperschaden entstanden. Der Faustschlag war dafür auch ursächlich. Insoweit sind die meisten Tatbestandsmerkmale des § 823 Abs. 1 BGB erfüllt. A müsste aber auch „widerrechtlich", d.h. ohne Rechtfertigungsgrund, gehandelt haben. Hier liegt jedoch eine geradezu „klassische" Notwehrsituation aufgrund des Angriffs des A auf B mit dem Messer vor, sodass B's Handeln nicht rechtswidrig („widerrechtlich") war.

5. An diesem (einzigen) Tatbestandsmerkmal des § 823 Abs. 1 BGB („widerrechtlich") scheitert mithin ein Schadensersatzanspruch des A gegenüber B.

Schadensersatzanspruch des B gegenüber A:
Zu 1. bis 3. gilt Entsprechendes.

4. Bei der Subsumtion wird jedoch schnell erkennbar, dass B überhaupt keinen „Schaden" erlitten hat, weil A ihn mit dem Messer verfehlt hatte.

5. Ergebnis: deshalb hat auch B keinen Schadensersatzanspruch gegenüber A.

Lösung Fall 2.4: Bund und Länder

1. Im Bereich der sog. „konkurrierenden Gesetzgebung" haben die Länder gemäß Art. 72 Abs. 1 GG die Befugnis zur Gesetzgebung (nur), soweit der Bund von seiner Gesetzgebungszuständigkeit nicht durch Gesetz Gebrauch gemacht hat. Gemäß Art. 74 Abs. 1 Nr. 12 GG hat der Bund die Kompetenz zur konkurrierenden Gesetzgebung u. a. für die „Sozialversicherung". Auf dieser Grundlage hat der Bund das Sozialgesetzbuch (SGB) geschaffen, u. a. auch das SGB V (Gesetzliche Krankenversicherung), in dem das von G kritisierte „gegliederte" System der gesundheitlichen Versorgung und Krankenversicherung für ganz Deutschland geregelt ist. Daneben besteht keine Landeskompetenz zur Schaffung eines anderen, etwa staatlich organisierten Systems der gesundheitlichen Versorgung, so dass B's Vorhaben mangels Landeskompetenz unzulässig und verfassungswidrig wäre. Ein entsprechendes Landesgesetz wäre im Übrigen aufgrund von Art. 31 GG („Bundesrecht bricht Landesrecht") nichtig.

2. Gemäß Art. 30 GG ist die Ausübung der staatlichen Befugnisse und die Erfüllung der staatlichen Aufgaben „Sache der Länder, soweit dieses Grundgesetz keine andere Regelung trifft oder zulässt." Deswegen ist zu prüfen, ob es im Grundgesetz Regelungen gibt, die die in Rede stehenden Vorhaben der Bundesministerin zulassen. Dabei ist zu unterscheiden zwischen eventuellen Kompetenzen des Bundes im Bereich der Gesetzgebung (nach den Art. 70 ff. GG) sowie im Bereich der Ausführung von Bundesgesetzen (Verwaltungskompetenzen gemäß Art. 83 ff. GG).

Gemäß Art. 70 Abs. 1 GG haben die Länder grundsätzlich das Recht der Gesetzgebung – „soweit dieses Grundgesetz nicht dem Bunde Gesetzgebungsbefugnis verleiht". Eine solche Befugnis findet sich allerdings weder im Katalog der Gebiete der ausschließlichen Gesetzgebung des Bundes (Art. 73 GG) noch im Katalog der Gebiete der konkurrierenden Gesetzgebung (Art. 74 GG). Mit Blick auf den Bildungsbereich findet sich ein Kompetenztitel des Bundes lediglich mit Blick auf die Hochschulzulassung und die Hochschulabschlüsse (Art. 74 Abs. 1 Nr. 33 GG). Danach gibt es also keine Gesetzgebungskompetenz des Bundes für den Erlass eines „Bundesschulorganisationgesetzes". Der Hinweis, dass es sich hier um eine „nationale Aufgabe" handele, ist verfassungsrechtlich irrelevant. Vielmehr hat das Grundgesetz eine klare Kompetenzverteilung zwischen Bund und Ländern geschaffen, die auch mit Blick auf sog. „nationale Aufgaben" gilt.

Gemäß Art. 83 GG führen die Länder die Bundesgesetze als eigene Angelegenheit aus, soweit „dieses Grundgesetz nichts anderes bestimmt oder zulässt." Grundsätzlich alle Verwaltungsbehörden sind deshalb auch im Bereich der Ausführung von Bundesgesetzen von den Ländern einzurichten, es sei denn, in den Art. 86 ff. GG gäbe es eine Ermächtigung des Bundes, Bundesbehörden als so genannte „bundeseigene Verwaltung" einzurichten. Die Errichtung eines „Bundesschulamtes" ist dort jedoch weder explizit vorgesehen noch wäre die Errichtung einer solchen Bundesbehörde aufgrund von Art. 87 Abs. 3 GG zulässig – weil dem Bund, wie soeben dargestellt, hier keine Gesetzgebungskompetenz zusteht.

Sowohl die Verabschiedung eines „Bundesschulorganisationsgesetzes" als auch die Errichtung eines „Bundesschulamtes" wären mithin unzulässig und verfassungswidrig.

3. Sollte dennoch (völlig wider Erwarten) ein solches „Bundesschulorganisationsgesetz" zustande kommen, könnte die Landesregierung des Landes X das Bundesverfassungsgericht anrufen. Dieses entscheidet (gemäß Art. 93 Abs. 1 Nr. 2 GG) bei Meinungsverschiedenheiten oder Zweifeln über die förmliche und sachliche Vereinbarkeit von Bundesrecht mit dem Grundgesetz auf Antrag der Bundesregierung, einer Landesregierung oder eines Drittels der Mitglieder des Bundestages. Da ein „Bundesschulorganisationsgesetz", wie dargelegt, unzulässig und verfassungswidrig wäre, würde das Bundesverfassungsgericht ein solches Gesetz wegen Unvereinbarkeit mit dem Grundgesetz für verfassungswidrig und nichtig erklären.

Lösung Fall 3.4: Eltern und Kinder in der Ausbildung

1. Gemäß § 1631 Abs. 1 BGB haben die Eltern im Rahmen der ihnen zustehenden Personensorge auch die Pflicht und das Recht, das Kind zu erziehen, zu beaufsichtigen und seinen Aufenthalt zu bestimmen. Dazu gehört auch, dafür zu sorgen, dass das Kind in erforderlichem Umfang für die Schule arbeitet. Von daher ist eine viertägige „Ausgangssperre" für K grundsätzlich vom Erziehungsrecht der Eltern gedeckt – es sei denn, diese würde sich als seelische Verletzung oder andere entwürdigende Maßnahme darstellen, die nach § 1631 Abs. 2 BGB unzulässig wäre. Dafür gibt es jedoch nach dem Sachverhalt keinen Anhaltspunkt.

2. Die miteinander verheirateten Eltern V und M haben das gemeinsame Sorgerecht nach § 1626a Abs. 1 BGB (Umkehrschluss oder Nr. 2). Sie müssen deshalb die elterliche Sorge gemäß § 1627 BGB im gegenseitigen Einvernehmen ausüben und bei Meinungsverschiedenheiten versuchen, sich zu einigen. Gelingt dies nicht, können sie nach § 1628 BGB das Familiengericht anrufen, wenn es sich um eine Angelegenheit der elterlichen Sorge handelt, deren Regelung für das Kind von „erheblicher Bedeutung" ist. Dies ist bei der Frage der Wahl der weiterführenden Schule von S der Fall. Das Familiengericht wird deshalb auf Antrag einem Elternteil die Entscheidung übertragen, ohne selbst in der Sache zu entscheiden (§ 1628 BGB).

3. Da nach dem Sachverhalt keine Übertragung der Alleinsorge auf einen Elternteil erfolgt ist, steht V und M die elterliche Sorge weiterhin gemeinsam zu (§ 1671 Abs. 1 Satz 1 BGB Umkehrschluss). Deshalb ist gemäß § 1687 Abs. 1 Satz 1 BGB auch weiterhin gegenseitiges Einvernehmen der Eltern in allen Angelegenheiten erforderlich, deren Regelung für das Kind von „erheblicher Bedeutung" ist; nur in „Angelegenheiten des täglichen Lebens" gemäß 1687 Abs. 1 Satz 2 und 3 BGB könnte M jetzt allein entscheiden. Im Übrigen gelten auch hier die Ausführungen zu 2.

4. Ausdruck der familiären Solidarität ist gemäß § 1619 BGB, dass das Kind verpflichtet ist, „in einer seinen Kräften und seiner Lebensstellung entsprechenden Weise den Eltern in ihrem Hauswesen und Geschäft Dienste zu leisten", solange es dort wohnt und von den Eltern erzogen oder unterhalten wird. Dabei haben Schule und Ausbildung Vorrang vor der Mithilfe bei den Eltern. Es ist deshalb rechtlich zulässig, von einer 14-Jährigen in der im Sachverhalt dargestellten Weise Mithilfe im Haushalt zu verlangen, zumal nicht ersichtlich ist, dass darunter ihre schulischen Verpflichtungen leiden würden.

5. Der von den Eltern ihren Kindern geschuldete Verwandtenunterhalt umfasst gemäß 1610 Abs. 2 BGB auch die Kosten einer (!) angemessenen Vorbildung zu einem (!) Beruf. Grundsätzlich nicht geschuldet sind darüber hinaus die Kosten einer Zweitausbildung, mit bislang nur sehr wenigen von der Rechtsprechung anerkannten Ausnahmen etwa bei den sog. „Abitur-Lehre-Studium-Fällen" (siehe 3.1.2), wenn nämlich die folgenden Voraussetzungen erfüllt sind:

– es handelt sich um einen Ausbildungsgang Abitur-Lehre-Studium (in dieser Reihenfolge!); dies ist hier der Fall;
– es besteht ein enger sachlicher Zusammenhang (Abitur, Banklehre, Jurastudium) und auch ein enger zeitlicher Zusammenhang; beides ist hier ebenfalls der Fall;
– und den Eltern muss dies wirtschaftlich zumutbar sein. Dies müsste hier geprüft werden; der Hinweis der Eltern allein auf ihre bisherigen Unter-

haltsleistungen und die Unterhaltspflichten gegenüber S wäre nicht ausreichend.

Lösung Fall 4.4: Erziehungsberatung und Ihre Folgen

Die Einlegung eines Widerspruchs hätte Erfolg, wenn dieser zulässig und begründet wäre (siehe 4.3.1 und 4.3.2).

Der Widerspruch müsste also zunächst zulässig sein. Der Gebührenbescheid ist

- eine hoheitliche Maßnahme einer Behörde (hier: Jugendamt),
- auf dem Gebiet des öffentlichen Rechts (hier: SGB VIII),
- zur Regelung (hier: Aufforderung zur Zahlung),
- eines Einzelfalles (hier: Gebührenbescheid für M und V),
- mit unmittelbarer Rechtswirkung nach außen (hier: gegenüber M und V),

und damit ein Verwaltungsakt gemäß § 31 Satz 1 SGB X. Durch die Zahlungsaufforderung könnten M und V in eigenen Rechten betroffen sein; sie sind also „beschwert". Die Erhebung des Widerspruchs müsste in Schriftform oder zur Niederschrift beim Jugendamt und innerhalb einer Frist von einem Monat ab der Zustellung des Gebührenbescheides erfolgen, weil der Bescheid mit einer Rechtsbehelfsbelehrung versehen ist. Der Widerspruch wäre damit zulässig.

Zu prüfen ist nunmehr, ob der Widerspruch auch begründet wäre. Ein Widerspruch ist begründet, wenn der Verwaltungsakt rechtswidrig (oder unzweckmäßig) wäre. Zunächst müsste die zuständige Behörde gehandelt haben: dies ist der Fall. Denn Erziehungsberatung ist eine Leistung nach dem SGB VIII (§ 28 SGB VIII), für die gemäß § 85 Abs. 1 i.V.m. § 69 Abs. 1 und 3 SGB VIII das Jugendamt sachlich zuständig ist. Sodann müsste im SGB VIII eine Rechtsgrundlage für die Gebührenerhebung vorhanden sein. Als solche kommen (nur) dessen §§ 90 und 91 in Betracht.

Gemäß § 90 Abs. 1 Satz 1 Nr. 2 SGB VIII können Kostenbeiträge für die Inanspruchnahme von Angeboten der allgemeinen Förderung der Erziehung in der Familie nach § 16 Abs. 1, Abs. 2 Nr. 1 und 3 SGB VIII erhoben werden, insbesondere im Bereich der Familienbildung, Familienfreizeit und Familienerholung; diese Regelung bezieht sich also nicht auf die Erziehungsberatung (nach § 28 SGB VIII). Darüber hinaus können auf der Grundlage von § 91 Abs. 1 und 2 SGB VIII Kostenbeiträge erhoben werden, und zwar für die dort umfänglich aufgelisteten voll- und teilstationären Leistungen und vorläufigen Maßnahmen; im Katalog dieser Leistungen ist jedoch die Erziehungsberatung nach § 28 SGB VIII ebenfalls nicht enthalten.

Anders als sonst in vielen Gebieten des Sozial-, Bildungs-, Steuer- und Verwaltungsrechts gibt es im SGB VIII also keinen „Gebührentatbestand" betreffend die Erziehungsberatung. Mangels Rechtsgrundlage für die Gebührenerhebung ist der Bescheid des Jugendamts also rechtswidrig. Der Widerspruch hätte deshalb auch in der Sache Aussicht auf Erfolg.

Lösung Fall 5.4: Bedauernswerte M

1. Hilfe zur Erziehung ist eine Leistung nach dem SGB VIII, für die gemäß § 85 Abs. 1 i.V.m. § 69 Abs. 1 und 3 SGB VIII das Jugendamt sachlich zuständig ist.

2. Hilfe zur Erziehung setzt in allen Hilfearten, insbesondere nach den §§ 28 bis 35 SGB VIII, zunächst voraus, dass gemäß § 27 Abs. 1 SGB VIII eine dem Wohl des Kindes M entsprechende Erziehung nicht gewährleistet ist, also ein „Erziehungsdefizit" oder Entwicklungsdefizit bereits eingetreten ist oder zumindest konkret droht. Da M nicht ausreichend versorgt wird und zu verwahrlosen droht, liegt zumindest ein drohendes Erziehungsdefizit vor. Deshalb ist nunmehr ebenfalls nach § 27 Abs. 1 SGB VIII zu prüfen, welche Hilfe(art) hier für M geeignet und notwendig wäre.

Dabei ist es zweckmäßig, zunächst zu prüfen, ob ein „Milieuwechsel" geboten ist oder ob M in der bisherigen häuslichen Umgebung verbleiben könnte. Letzteres ist nicht der Fall, zumal auch eine Förderung in einer Tageseinrichtung oder in Kindertagespflege nach den §§ 22 ff. SGB VIII vor dem Hintergrund der Abwesenheitszeiten von B nicht ausreichend wäre. Von daher sind die ambulanten oder teilstationären Hilfen zur Erziehung innerhalb der Familie nach den §§ 28 bis 32 SGB VIII nicht (mehr) geeignet, die gekennzeichneten Defizite abzuwenden oder auszugleichen, so dass (nur) Hilfe zur Erziehung außerhalb der eigenen Familie, also außerhalb der bisherigen häuslichen Umgebung geeignet und insoweit auch notwendig wäre.

In Betracht kommen mit Blick auf Alter und Entwicklungsstand von M Vollzeitpflege nach § 33 oder Heimerziehung nach § 34 SGB VIII, wobei Hilfe zur Erziehung in einer geeigneten Pflegefamilie wegen der Kontinuität der Bezugspersonen und der Intensität des Zusammenlebens mit ihnen grundsätzlich vorzugswürdig wäre.

3. Dazu müsste B als allein sorgeberechtigte Mutter, die in diesem Fall gemäß § 27 Abs. 1 SGB VIII einen Anspruch auf Hilfe zur Erziehung hat, einen Antrag auf Hilfe zur Erziehung in Form der Vollzeitpflege gemäß § 27 i. V.m. § 33 SGB VIII beim Jugendamt in Y stellen. Das Jugendamt müsste die Verfahrensvorschriften nach den §§ 36 und 37 SGB VIII beachten.

Sollte B jedoch keinen Antrag auf Hilfe zur Erziehung stellen, etwa weil sie solche Hilfen ablehnt oder mit dem Jugendamt „nichts zu tun haben wolle", müsste das Jugendamt gemäß § 8a Abs. 2 Satz 1 SGB VIII das Familiengericht anrufen. Sollte dieses zur Überzeugung gelangen, dass das körperliche, geistige und/oder seelische Wohl von M im Sinne von § 1666 Abs. 1 BGB gefährdet ist, hätte das Familiengericht die Maßnahmen zu treffen, die zur Abwendung der Gefahr(en) erforderlich sind. In Betracht kämen hier eine teilweise Entziehung des Personensorgerechts von B gemäß § 1666 Abs. 3 Nr. 6 BGB, bezogen auf das Aufenthaltsbestimmungsrecht von B nach § 1631 Abs. 1 BGB bezüglich M sowie das Antragsrecht von B in Bezug auf Hilfe zur Erziehung nach § 27 SGB VIII, und die Bestellung eines Ergänzungspflegers nach § 1909 Abs. 1 BGB, der dann dafür zu sorgen hat, dass M auch gegen den Willen von B in eine Pflegefamilie kommt. Ggf. käme auch eine vollständige Entziehung der elterlichen Sorge von B gemäß § 1666 Abs. 3 Nr. 6 BGB in Betracht, verbunden mit der Bestellung eines Vormunds gemäß § 1773 Abs. 1 BGB.

4. Auch wenn M in einer Pflegefamilie lebt, behält B grundsätzlich das elterliche Sorgerecht einschließlich der Pflichten und Rechte zur Personensorge gemäß § 1631 Abs. 1 BGB – auch insoweit, als es darum geht, den Schulbesuch von M sicherzustellen. Die Pflegeeltern haben demgegenüber grundsätzlich nur sog. „kleine Sorgerechte" und Entscheidungsrechte in „Angelegenheiten des täglichen Lebens" gemäß § 1688 Abs. 1 BGB. Da in diesem Fall – Verweigern des Schulbesuchs von M – deren geistiges Wohl im Sinne von § 1666 Abs. 1 BGB gefährdet wäre, hätte auch hier das Familiengericht die erforderlichen Maßnahmen zu treffen. Dazu gehören nach § 1666 Abs. 3 Nr. 2 BGB auch Gebote, für die Einhaltung der Schulpflicht zu sorgen, oder nach Nr. 6 die teilweise oder vollständige Entziehung der elterlichen Sorge und die Bestellung eines Pflegers nach § 1909 Abs. 1 BGB bzw. eines Vormundes nach § 1773 Abs. 1 BGB für M, der sodann den Schulbesuch von B sicherzustellen hat.

Lösung Fall 6.4: Schwierigkeiten bei der Jugendbildung

1. Um sein Begehren (Teilnahme an der Jugendbildungsmaßnahme) durchzusetzen, müsste J, vertreten durch die/den Personensorgeberechtigten, förmlich Widerspruch einlegen. Der Widerspruch müsste zulässig und zudem (materiell-rechtlich) begründet sein.

Bei dem ablehnenden Bescheid des Jugendamts handelt es sich um einen Verwaltungsakt im Sinne von § 31 Satz 1 SGB X, weil alle dort bezeichneten fünf Merkmale eines Verwaltungsaktes vorliegen. Es handelt sich nämlich um

1.1 eine hoheitliche Maßnahme einer Behörde (des Jugendamts)
1.2 auf dem Gebiete des öffentlichen Rechts (nämlich des SGB VIII)
1.3 zur Regelung (also: zur verbindlichen Entscheidung)
1.4 eines Einzelfalles
1.5 mit unmittelbarer Rechtswirkung nach außen (hier: gegenüber J).

J ist darüber hinaus „beschwert", also (selbst!) möglicherweise in eigenen Rechten betroffen. Schließlich müsste J den Widerspruch formgerecht (schriftlich oder zur Niederschrift) und fristgerecht (innerhalb eines Monats nach Zugang) bei der zuständigen Behörde (hier: beim Jugendamt) einlegen. Danach ist der Widerspruch zulässig.

Der Widerspruch müsste aber auch materiell-rechtlich (in der Sache) begründet sein. Dies wäre der Fall, wenn der Ablehnungsbescheid rechtswidrig oder unzweckmäßig wäre. Zunächst einmal war das Jugendamt sachlich zuständig nach § 85 Abs. 1 i.V.m. § 69 Abs. 1 und 3 SGB VIII. Die nunmehr vorzunehmende materiell-rechtliche Prüfung der Ablehnung der Teilnahme von J an der Maßnahme bemisst sich nach § 11 Abs. 1 Satz 1 SGB VIII: Danach sind „jungen Menschen ... die zur Förderung ihrer Entwicklung erforderlichen Angebote der Jugendarbeit zur Verfügung zu stellen." Von einem ausdrücklichen Rechtsanspruch ist dabei nicht die Rede. Die Annahme eines Rechtsanspruchs aufgrund einer Interpretation von § 11 Abs. 1 Satz 1 SGB VIII würde Folgendes voraussetzen:

- Die Norm müsste eine objektiv-rechtliche Verpflichtung des Trägers der öffentlichen Jugendhilfe enthalten. Dies ist der Fall (Angebote der Jugendarbeit „sind" zur Verfügung zu stellen").
- Der Tatbestand dieser Norm müsste hinreichend präzise formuliert sein. Dies ist nicht der Fall, denn die Norm ist denkbar ungenau formuliert und lässt völlig offen, welche Angebote und Maßnahmen der Jugendarbeit zur Verfügung zu stellen sind.

- Des Weiteren müssten die Normadressaten individualisierbar sein. Auch dies ist nicht der Fall, denn § 11 Abs. 1 Satz 1 SGB VIII richtet sich an einen großen, nicht abgegrenzten Adressatenkreis („junge Menschen") und nicht an einzelne Kinder oder Jugendliche.

J hat deshalb keinen subjektiven Rechtsanspruch auf Teilnahme an einer bestimmten, nämlich der hier in Rede stehenden Maßnahme, so dass der Ablehnungsbescheid insoweit nicht rechtswidrig war.

Die rein objektiv-rechtliche Verpflichtung des Trägers der öffentlichen Jugendhilfe nach § 11 Abs. 1 Satz 1 SGB VIII eröffnet weite Entscheidungsspielräume des Jugendamts, nach welchen Kriterien über die Teilnahme entschieden wird. Im vorliegenden Fall war das einzige Entscheidungskriterium die Reihenfolge der Antragseingänge beim Jugendamt. Dies war weder willkürlich noch unzweckmäßig, sondern „formal gerecht" und einfach zu handhaben. Jedenfalls ist das gewählte Auswahlverfahren nicht willkürlich.

Im Ergebnis war die Entscheidung des Jugendamts mithin rechtmäßig und auch nicht zweckwidrig, sodass J's Widerspruch unbegründet wäre. Auch ein eventuelles verwaltungsgerichtliches Verfahren wäre aus denselben Gründen aussichtslos.

2. Hier stellt sich die Frage, ob ein Antrag des freien Trägers der Jugendhilfe F e. V. auf Bewilligung einer Förderung seiner Jugendbildungsmaßnahme durch das Jugendamt Erfolg haben würde. Die Förderung von Trägern der freien Jugendhilfe ist nicht in § 11, sondern in § 74 SGB VIII geregelt. Nach § 74 Abs. 1 SGB VIII „soll" der Träger der öffentlichen Jugendhilfe freie Träger der Jugendhilfe fördern, wenn die dort in Satz 1 Nrn. 1 bis 5 statuierten Voraussetzungen erfüllt sind (nachlesen!); dies könnte hier durchaus der Fall sein. Es ist jedoch strittig, ob mit der genannten Gesetzesbestimmung auch ein einklagbarer subjektiver Rechtsanspruch besteht oder nicht. Selbst wenn man dies (m. E.: richtigerweise – im Sinne eines Rechtsanspruchs auf Förderung dem Grunde nach) bejaht, entscheidet jedoch der Träger der öffentlichen Jugendhilfe gemäß § 74 Abs. 3 Satz 1 SGB VIII „über die Art und Höhe der Förderung … im Rahmen der verfügbaren Haushaltsmittel nach pflichtgemäßem Ermessen". Ermessensfehler sind hier jedoch, auch wenn der Sachverhalt mit Blick auf andere Maßnahmen und andere Träger der freien Jugendhilfe sowie auf die zur Verfügung stehenden Haushaltsmittel nicht aussagefähig ist, nicht erkennbar.

Der Antrag des Trägers der freien Jugendhilfe F e. V. wird deshalb aller Voraussicht nach keinen Erfolg haben. Ein eventueller Widerspruch wäre zwar zulässig (siehe die Ausführungen bei 1.), jedoch vor dem Hintergrund von

§ 74 Abs. 3 Satz 1 SGB VIII unbegründet. Dasselbe gilt mit Blick auf eine eventuelle verwaltungsgerichtliche Klage.

Lösung Fall 7.4: Kindertagesbetreuung für T

1. M selbst hat keinen solchen Rechtsanspruch. Aber seit dem 01.08.2013 hat T als Kind, das das erste Lebensjahr vollendet hat, gemäß § 24 Abs. 2 Satz 1 SGB VIII einen solchen Anspruch bis zur Vollendung des dritten Lebensjahres (wenn sich dann ein Anspruch des Kindes gemäß § 24 Abs. 3 Satz 1 SGB VIII anschließt). Bei der Geltendmachung dieses Anspruches müsste M ihre Tochter T auf der Grundlage ihres alleinigen Sorgerechts vertreten (§ 1629 Abs. 1 Satz 1 BGB).

2. Ebenfalls gemäß § 24 Abs. 2 Satz 1 SGB VIII hat das Kind T, wiederum vertreten durch M, alternativ zum Anspruch auf frühkindliche Förderung in einer Tageseinrichtung auch einen solchen auf Förderung in Kindertagespflege. Ein Anspruch auf Förderung in einer Eltern-Kind-Gruppe besteht nach Bundesrecht allerdings nicht (vgl. auch § 22 Abs. 1 SGB VIII).

3. M könnte sich an das Jugendamt des gemäß § 85 Abs. 1 i.V.m. § 69 Abs. 1 und 3 SGB VIII zuständigen Trägers der öffentlichen Jugendhilfe (oder die von ihnen beauftragten Stellen) wenden, die gemäß § 24 Abs. 5 Satz 1 SGB VIII verpflichtet sind, über das Platzangebot im örtlichen Einzugsbereich und die pädagogische Konzeption der Einrichtungen zu informieren und M bei der Auswahl zu beraten. Außerdem hat M gemäß § 23 Abs. 4 Satz 1 SGB VIII einen Anspruch auf Beratung in allen Fragen der Kindertagespflege.

4. Gemäß § 90 Abs. 3 Satz 1 SGB VIII „soll" (gleich „Regel-Muss") der Kostenbeitrag (die Gebühr) dafür auf Antrag ganz oder teilweise erlassen oder ganz oder teilweise vom Träger der öffentlichen Jugendhilfe übernommen werden, wenn die entsprechende finanzielle Belastung Mutter und Kind nicht zuzumuten ist. Ob dies der Fall ist, müsste im Einzelnen geprüft werden, ist allerdings bei einer sehr gering verdienenden allein erziehenden Mutter wahrscheinlich.

5. Die genannten Rechtsbeziehungen werden durch einen zivilrechtlichen Vertrag zwischen M und dem Träger der Einrichtung geregelt. Das SGB VIII regelt nur die Rechtsbeziehungen mit den Trägern der öffentlichen Jugendhilfe (hier: §§ 22 ff. SGB VIII).

6. Dies wäre möglich: im Haushalt von M, also nicht „außerhalb des Haushalts des Erziehungsberechtigten", gemäß § 43 Abs. 1 Satz 1 SGB VIII auch ohne Erlaubnis zur Kindertagespflege. Auf Antrag sind G auch die im Jugendamtsbezirk üblichen Geldleistungen nach § 23 Abs. 1 sowie Abs. 2 Nrn. 1 bis 4 SGB VIII zu bewilligen, da Großeltern dort nicht ausgeschlossen sind.

Lösung Fall 8.4: Studentin S und das BAföG

1. Das Studium der Kindheitspädagogik an der staatlichen Fachhochschule in X stellt eine Ausbildung an einer Hochschule gemäß § 2 Abs. 1 Nr. 6 BAföG dar und kann deshalb über das BAföG gefördert werden. Ein Antrag auf Förderung wäre gemäß § 46 Abs. 1 BAföG beim Amt für Ausbildungsförderung nach § 40 Abs. 2 BAföG zu stellen.

2. Die Förderungshöchstdauer entspricht gemäß § 15a Abs. 1 BAföG grundsätzlich der Regelstudienzeit nach § 10 Abs. 2 des Hochschulrahmengesetzes. Nach dieser Gesetzesbestimmung sind in den Prüfungsordnungen der Hochschulen die Studienzeiten vorzusehen, in denen ein berufsqualifizierender Abschluss erworben werden kann (Regelstudienzeit). Die Regelstudienzeit für einen Bachelor-Abschluss in einem Fachhochschulstudiengang für Kindheitspädagogik beträgt – je nach Hochschule – 6, 7 oder 8 Studiensemester. Diese Studienzeiten gelten damit grundsätzlich auch als Höchstförderungsdauer.

3. Gemäß § 17 Abs. 2 BAföG wird der monatliche Förderungsbetrag grundsätzlich zur Hälfte als Zuschuss und zur Hälfte als Darlehen geleistet.

4. Gemäß § 13 Abs. 1 und 2 BAföG beträgt der monatliche Bedarf für Studierende an Hochschulen 373 € plus 224 €, wenn die/der Studierende – wie hier – nicht bei den Eltern wohnt, insgesamt also 597 €; er soll ab 2016 auf dann 735 € steigen. In dieser monatlichen Höhe könnte S's Studium hier auch gefördert werden. Denn die Einkünfte von S in Höhe von monatlich 200 € sowie die der Eltern von 1800 € (davon Abzug: 300 € Sozialversicherung; vgl. § 21 Abs. 2 Satz 1 Nr. 1 BAföG) bleiben anrechnungsfrei: gemäß § 23 Abs. 1 Satz 1 Nr. 1 BAföG (Grenze: 255 €) bzw. § 25 Abs. 1 Nr. 1 BaföG (Grenze: 1605 €).

5. Zunächst einmal sind gemäß § 18a BAföG Darlehensnehmer/innen auf Antrag von der Verpflichtung zur Rückzahlung freizustellen, sobald ihr

Einkommen monatlich den Betrag von 1.070 € (ab 2016: 1.145 €) nicht übersteigt. Unbeschadet dessen ist das Darlehen gemäß § 18 Abs. 3 BAföG innerhalb von 20 Jahren zurückzuzahlen. Die Vorschriften des § 18b BAföG über einen Teilerlass des Darlehens sind in den letzten Jahren wiederholt geändert worden und gelten für aktuell begonnene Ausbildungen überwiegend nicht mehr. Allenfalls kommt noch ein Teilerlass nach § 18b Abs. 4 und 5 BAföG in Betracht, wenn eine Ausbildung in einer Mindestausbildungszeit beendet worden ist.

6. Falls S nach den §§ 1601 ff. BGB (dazu: Kap. 3.1.2) einen Unterhaltsanspruch gegenüber ihren Eltern hat, wovon hier auszugehen ist, geht dieser Unterhaltsanspruch gemäß § 37 Abs. 1 Satz 1 BAföG bis zur Höhe der an S geleisteten Aufwendungen nach dem BAföG auf das Land über. Das Amt für Ausbildungsförderung wird dann von sich aus gegenüber den Eltern diesen Anspruch geltend machen, mit Blick auf welchen die Regelungen des BGB gelten (einschließlich der Eigenbedarfsregelungen z. B. nach Teil A. Nr. 5 der Düsseldorfer Tabelle: in Höhe von in der Regel mindestens monatlich 1.300 € für die Eltern).

Lösung Fall 9.4: Schülerleben

1. In den meisten Bundesländern können Kinder nach dem jeweiligen Schulgesetz auf Antrag der Personensorgeberechtigten vor Vollendung des sechsten Lebensjahres eingeschult werden, wenn das Kind die für den Schulbesuch notwendige geistige und körperliche Reife besitzt. Ob ein Kind in diesem Sinne „schulreif" ist, entscheidet grundsätzlich die Schule aufgrund der obligatorischen Schuleingangsuntersuchung. Die Schulreife von M könnte nach dem Sachverhalt gegeben sein.

2. Aus dem Anspruch auf Zulassung zu einer bestimmten Schulart ergibt sich noch kein Recht auf Zugang zu einer bestimmten Schule. Zudem gibt es in den meisten Ländern, insbesondere für die Grundschule, eine sog. „Sprengelpflicht" (z. B. gemäß Art. 42 BayEUG, § 55a BSchulG, § 143 Abs. 1 HSchulG, nicht mehr in NRW). Danach kommt es für die Zuweisung zu einer bestimmten Schule in erster Linie auf den Wohnsitz an, damit die Grundschulen gleichmäßig ausgelastet sind und nach Möglichkeit Kinder aus allen Gesellschaftsschichten in diesem Alter dieselbe Schule besuchen. Von daher werden die Eltern ihren Wunsch zumindest in den genannten Ländern nicht durchsetzen können.

3. Ja – z.B. gemäß Art. 56 Abs. 2 BayEUG, § 47 Abs. 1 BSchulG, § 72 Abs. 1 HSchulG, § 44 Abs. 2 HSchulG).

4. Ein Widerspruch und eine verwaltungsgerichtliche Klage wären zulässig, da durch die Nichtversetzung das (grundrechtsrelevante) sog. „Grundverhältnis" des Schülers zur Schule und nicht nur das sog. „Betriebsverhältnis" tangiert ist. Pädagogische Entscheidungen unterliegen jedoch nur einer eingeschränkten Kontrolldichte durch Aufsichtsbehörden und Gerichte, und bei fünf „Fünfen" sind die Erfolgschancen in der Sache ohnehin als nicht gegeben einzuschätzen.

5. In den Landesschulgesetzen ist durchgängig die „Pädagogische Freiheit" von Lehrerinnen und Lehrern als Recht anerkannt, innerhalb der gesetzlichen und administrativen Vorgaben eigenverantwortlich zu erziehen, zu beurteilen und den Unterricht zu gestalten. Wie weit hier Eingriffsbefugnisse von Schulleitung und Schulaufsichtsbehörden gehen, ist in den Landesschulgesetzen unterschiedlich geregelt worden (z.B. in Art. 111, 113 BayEUG: dort fast unbeschränkte Aufsichtsbefugnisse; § 93 Abs. 3 HSchulG: praktisch nur Rechtsaufsicht!). Aber in allen Ländern würde das Vorgehen des Lehrers („intensives Einüben des Lernstoffs") als von der pädagogischen Freiheit gedeckt angesehen werden. M kann sich dagegen nicht wehren.

6. Die Frage der „Zulässigkeit des Kopftuchverbots" für Lehrerinnen an Schulen ist politisch und rechtlich umstritten. Die Antwort auf die gestellte Frage hängt maßgeblich auch davon ab, in welchem Bundesland sie sich stellt.

Weiterführende Hinweise: Das BVerwG hatte im Jahre 2002 entschieden (BVerwGE 116, 359), dass das Tragen des Kopftuchs von islamischen Lehrerinnen im Beamtenverhältnis an öffentlichen Schulen nicht mit der weltanschaulichen Neutralität des Staates vereinbar sein kann. Das BVerfG (BVerfGE 108, 282, 303 ff.) ist im Jahre 2003 zu dem Ergebnis gekommen, dass (nur) der jeweilige Landesgesetzgeber Regelungen treffen darf, wonach religiöse Bezüge insgesamt aus den Schulen zu verbannen sind. Infolgedessen haben acht Landesgesetzgeber entsprechende Regelungen in ihre Schulgesetze aufgenommen (kritisch dazu Rux/Niehus 2013, 179f.), z.B.:

- § 59 Abs. 2 Satz 2 BayEUG lautet: „Äußere Symbole und Kleidungsstücke, die eine religiöse oder weltanschauliche Überzeugung ausdrücken, dürfen von Lehrkräften im Unterricht nicht getragen werden, sofern die Symbole oder Kleidungsstücke bei den Schülerinnen und Schülern oder

den Eltern auch als Ausdruck einer Haltung verstanden werden können, die mit den verfassungsrechtlichen Grundwerten und Bildungszielen der Verfassung einschließlich den christlich-abendländischen Bildungs- und Kulturwerten nicht vereinbar ist."
- In § 86 Abs. 3 HSchulG heißt es: „Insbesondere dürfen (Lehrkräfte) Kleidungsstücke, Symbole oder andere Merkmale nicht tragen oder verwenden, die objektiv geeignet sind, das Vertrauen in die Neutralität ihrer Amtsführung zu beeinträchtigen oder den politischen, religiösen oder weltanschaulichen Frieden in der Schule zu gefährden. Bei der Entscheidung über das Vorliegen der Voraussetzungen nach Satz 1 und 2 ist der christlich und humanistisch geprägten abendländischen Tradition des Landes Hessen angemessen Rechnung zu tragen."

Das Bundesverfassungsgericht hat nunmehr am 13.03.2015 ein pauschales Kopftuchverbot für nicht mit der Religionsfreiheit vereinbar erklärt: es müsse vielmehr eine konkrete Gefahr für Neutralität und Schulfrieden vorliegen.

Lösung Fall 10.4: Berufsausbildungsbeihilfe für F

Nach § 56 SGB III haben Auszubildende Anspruch auf Berufsausbildungsbeihilfe während einer Berufsausbildung, wenn

- die Berufsausbildung förderungsfähig ist,
- sie zum förderungsfähigen Personenkreis gehören und die sonstigen persönlichen Voraussetzungen für eine Förderung erfüllt sind und
- ihnen die erforderlichen Mittel zur Deckung des Bedarfs für den Lebensunterhalt, die Fahrkosten und die sonstigen Aufwendungen (Gesamtbedarf) nicht anderweitig zur Verfügung stehen.

Förderungsfähig sind Berufsausbildungen, wenn sie in einem nach dem BBiG, der HwO oder dem Seemannsgesetz staatlich anerkannten Ausbildungsberuf betrieblich oder außerbetrieblich oder nach dem Altenpflegegesetz betrieblich durchgeführt wird und der dafür vorgeschriebene Berufsausbildungsvertrag abgeschlossen worden ist (§ 57 Abs.1 SGB III). Nach dem „Systematischen Verzeichnis der anerkannten oder als anerkannt geltenden Ausbildungsberufe" (BAnz AT 12.06.2014 B6) gehört die Ausbildung „Gärtner/Gärtnerin mit einer Ausbildung in Fachrichtung Garten- und Landschaftsbau" zu den nach dem BBiG anerkannten Ausbildungsberufen (vgl. Berufshauptgruppe 12 unter Nr. 12142). Den Ausbildungsvertrag hat F. wirksam (vgl. § 113 Abs. 1 BGB) abgeschlossen.

F gehört nach § 59 Abs. 1 SGB III i. V.m. § 8 Abs. 1 Nr. 1 BAföG zum förderungsfähigen Personenkreis. Fraglich sind die sonstigen persönlichen Voraussetzungen (§ 60 Abs. 1 Nr. 2 SGB III), da sie die Ausbildungsstätte von der Wohnung ihre Mutter aus in angemessener Zeit erreichen könnte. Im Falle der F gilt allerdings § 60 Abs. 1 Nr. 2 SGB III nicht, da sie aus schwerwiegenden sozialen Gründen nicht auf die Wohnung ihrer Mutter verwiesen werden kann (§ 60 Abs. 2 Nr. 4 SGB III). In Fällen einer anderweitigen Unterbringung eines Kindes seit dem Kindesalter kann nämlich von einer nachhaltig und dauerhaft gestörten Eltern/Kind-Beziehung = schwerwiegende soziale Gründe ausgegangen werden (Geschäftsanweisung der Bundesagentur für Arbeit zu § 60 SGB III unter Rn. 60.2.1).

Ob der F die erforderlichen Mittel zur Deckung des Bedarfs für den Lebensunterhalt, die Fahrkosten und die sonstigen Aufwendungen (Gesamtbedarf) anderweitig zur Verfügung stehen, beurteilt sich nach den §§ 61, 67 SGB III.

Der Bedarf der F beträgt 338 € (§ 61 Abs. 1 S. 1 SGB III i. V.m. § 13 Abs. 1 Nr. 1 BAföG) zuzüglich 224 € für die Unterkunft (§ 61 Abs. 1 S. 2 SBG III) = 562 €.

Das nach § 67 SGB III anzurechnende Einkommen ist das der Auszubildenden (§ 67 Abs. 1 Nr. 1 SGB III) und das ihrer Eltern (§ 67 Abs. 1 Nr. 3 SGB III), vermindert um die Freibeträge nach dem 4. Abschnitt des BAföG (§ 67 Abs. 2 S. 1 SGB III). Das Einkommen der F (Ausbildungsvergütung) wird gemäß § 23 Abs. 3 BAföG allerdings ohne Abzug von Freibeträgen bedarfsdeckend berücksichtigt. Da ihre Ausbildungsvergütung von 620 € ihren anerkannten Bedarf von 562 € übersteigt, hat F keinen Anspruch auf Berufsausbildungsbeihilfe. Auf das Einkommen ihrer Mutter kommt es nicht an.

Ergebnis: Der (zulässige) Widerspruch der F hat keine Aussicht auf Erfolg.

Lösung Fall 11.4: Förderung behinderter junger Menschen

1. Dies ist umstritten. In der rechtswissenschaftlichen Literatur wird teilweise die Auffassung vertreten, dass es ein solches „Recht auf inklusive Schulbildung" gebe (siehe z. B. Siehr/Wrase 2014).

Abgeleitet wird dies aus Art. 3 Abs. 3 Satz 2 GG („Niemand darf wegen seiner Behinderung benachteiligt werden.") sowie aus Art. 24 Abs. 2a und 2b UN-BRK: „Menschen mit Behinderungen (dürfen) nicht aufgrund von

Behinderung vom allgemeinen Bildungssystem ausgeschlossen werden ..." und (haben) „gleichberechtigt [...] Zugang zu einem integrativen [...] Unterricht an Grundschulen und weiterführenden Schulen ...".

In der Praxis wird dem m. E. zu Recht entgegengehalten, dass es keinen Anspruch auf den Besuch einer Regelschule gibt, der so auch in der UN-Behindertenrechtskonvention nicht vorgesehen ist. Inklusion in der Schule kann zudem nur im Rahmen der finanziellen Möglichkeiten der Länder und nur schrittweise realisiert werden (so z. B. der Hessische Kultusminister Alexander Lorz in der Frankfurter Allgemeine Zeitung vom 13.11.2014, 33, 49, der auch künftig für bestimmte behinderte Schülerinnen und Schüler Angebote an Förderschulen aufrechterhalten will).

2. In § 7 Satz 2 SGB IX ist Folgendes geregelt: „Die Zuständigkeiten und die Voraussetzungen für die Leistungen zur Teilhabe richten sich nach den für den jeweiligen Rehabilitationsträger geltenden Leistungsgesetzen." Insofern ist Teil 1 des SGB IX kein Leistungsgesetz, sondern ein „Leistungsausführungsgesetz" mit zahlreichen allgemeinen, koordinierenden Vorschriften, die gemäß § 7 Satz 1 SGB IX unmittelbar gelten, soweit in den speziellen Leistungsgesetzen nichts Abweichendes geregelt ist.

3. Gemäß § 35a Abs. 1 SGB VIII haben Kinder oder Jugendliche, vertreten durch die Personensorgeberechtigten, Anspruch auf Eingliederungshilfe bei seelischer Behinderung oder wenn eine solche Behinderung droht; Entsprechendes gilt gemäß § 41 Abs. 1 und 2 SGB VIII bei jungen Volljährigen. Die körperlich und/oder geistig behinderten sowie die von einer solchen Behinderung bedrohten jungen Menschen erhalten demgegenüber gemäß § 10 Abs. 4 Satz 2 SGB VIII und den §§ 53 ff. SGB XII Eingliederungshilfe bei Vorliegen der Voraussetzungen des Sozialhilferechts; dazu gehört gemäß § 53 Abs. 1 Satz 1 SGB XII unter anderem, dass es sich – anders als in der Kinder- und Jugendhilfe – um eine „wesentliche" Behinderung handelt.

4. Die Therapie einer Lese-Rechtschreibschwäche ist gemäß § 10 Abs. 1 Satz 1 SGB VIII in erster Linie Aufgabe der Schule und nachrangig der Kinder- und Jugendhilfe als Behandlung einer bereits eingetretenen oder drohenden seelischen Behinderung gemäß 35a Abs. 1 SGB VIII.

5. Nein. Wie bereits ausgeführt ist die Kinder- und Jugendhilfe gemäß § 10 Abs. 4 Satz 1 und § 35a Abs. 1 SGB VIII mit Blick auf seelisch behinderte Kinder und Jugendliche sowie junge Erwachsene (gemäß § 41 SGB VIII) zuständig und nicht die Sozialhilfe; anders als in der Sozialhilfe ist dabei auch nicht das Vorliegen oder Drohen einer „wesentlichen" Behinderung erforderlich. Sachlich zuständig ist dafür das Jugendamt gemäß § 85 Abs. 1 i.V.m. § 69 Abs. 1 und 3 SGB VIII und nicht der überörtliche Träger der Sozialhilfe gemäß § 97 Abs. 2 und 3 SGB XII.

Lösung Fall 12.4: Die Abiturprüfung

1. Beim Abitur handelt es sich um eine „berufsbezogene" Prüfung, die in die Freiheit der Berufswahl eingreift (BVerwG NVwZ-RR 1998, 176 [177]). Deshalb steht dem S. das unmittelbar aus Art. 12 Abs. 1 GG folgende Gegenvorstellungsrecht mit dem Ziel der Aufhebung einer Prüfungsentscheidung in einem Überdenkungsverfahren zur Seite (VGH München NVwZ-RR 2003, 257 [258]).

Da die hier in Frage stehenden Einzelnoten lediglich Grundlage der Entscheidung über die Nichtzulassung zu den mündlichen Prüfungen ist, enthält allein dieser Bescheid eine rechtliche Regelung. Daher ist nur dieser Bescheid ein selbstständig anfechtbarer Verwaltungsakt, nicht dagegen die jeweilige Einzelnote (BVerwG NJW 2012, 2901 [2902]). Hiergegen müsste S Widerspruch einlegen (§ 68 Abs. 2 VwGO). Zugleich müsste S eine Leistungsklage erheben, um eine Neubewertung der Aufsichtsarbeiten zu erreichen (VG Schleswig, U. v. 10.9.2008 – 9 A 107/07).

2. Der (zulässige) Widerspruch wäre begründet, wenn der Nichtzulassungsbescheid an einem Verfahrens- oder einem Bewertungsfehler leiden würde.

Ein Verfahrensfehler könnte hier die Mitwirkung des Mathematiklehrers sein, wenn dessen Bemerkung ein Grund darstellen würde, der geeignet ist, Misstrauen gegen dessen unparteiische Amtsführung zu rechtfertigen (§ 21 Abs. 1 VwVfG). Da der Mathematiklehrer diese Bemerkung nicht im Zusammenhang mit der aktuellen Prüfungskampagne, sondern vor geraumer Zeit und dem Anschein nach auch nur einmalig gemacht hat, ist die Bemerkung nicht objektiv geeignet, ein Misstrauen in seine unparteiische Amtsführung zu rechtfertigen.

Ein Bewertungsfehler kann bei Überschreitung des den Prüfern von der Rechtsprechung eingeräumten Bewertungsspielraums vorliegen. Gerade aber die Auswahl der Aufgaben und die Benotung einschließlich der Beurteilung der Qualität der Darstellung und der Darstellungsweise sowie die Gewichtung der verschiedenen Aufgaben untereinander bleiben aber dem prüfungsrechtlichen Bewertungsspielraum vorbehalten. Auf eine hiervon abweichende Selbsteinschätzung eines Prüflings (hier: bezüglich der

Deutschklausur) kommt es nicht an (OVG Schleswig-Holstein Urteil vom 25.4.1997 – 3 L 23/96).

Der Schwierigkeitsgrad der Aufgaben in Mathematik bzw. die Misserfolgsquote wären nur relevant, wenn dadurch die Ungeeignetheit der Aufgabenstellung belegt wäre. Das BVerwG hat dies in einem Fall angenommen, in dem 23 von 27 Arbeiten als mangelhaft bewertet wurden (BVerwG NVwZ-RR 1998, 176 [178]). Bei einer 50 %-Quote kann davon noch nicht ausgegangen werden.

Einen fachlichen Fehler bei der Bewertung der Mathematikklausur trägt S nicht vor, vielmehr räumt er die Fehlerhaftigkeit seiner Ausführungen ein.

Insgesamt dringt S mit seinem Vorbringen deshalb nicht durch.

Lösung Fall 13.4: Tauschbörsen und zerstochene Reifen

1. Ein Anspruch der Computerspiel GmbH gegen Mutter M nach § 832 Abs. 1 BGB i. V. m. §§ 97 Abs. 2, 15 Abs. 2 Satz 2 Nr. 2, 19a UrhG i. V. m. § 13 GmbH-Gesetz besteht nicht, weil M als aufsichtspflichtige Person nachweisen kann, dass sie ihrer Aufsichtspflicht gegenüber N genügt hat bzw. ordnungsgemäß nachgekommen ist. Der Inhalt ihrer Aufsichtspflicht beurteilt sich nach folgenden Kriterien: Alter, Eigenart und Charakter der aufsichtsbedürftigen Person; örtliches Umfeld, Ausmaß der drohenden Gefahren; Voraussehbarkeit des schädigenden Verhaltens und Zumutbarkeit von Aufsichtsmaßnahmen. N ist 13 Jahre alt und ein aufgeweckter Junge, der bisher die Verbote seiner Mutter eingehalten hat. Deswegen war das schädigende Verhalten nicht vorhersehbar. M hatte N über die Rechtswidrigkeit in Bezug auf die Teilnahme an Tauschbörsen belehrt und ihm diese Teilnahme verboten. Da M keine konkreten Anhaltspunkte hatte, dass N dieses Verbot nicht einhalten würde, war ihr nicht zumutbar bzw. war sie nicht dazu verpflichtet, darüber hinaus Vorsichtsmaßnahmen zu treffen, wie zum Beispiel die Überwachung von N, Kontrolle des Notebooks und Sperren des Internetzugangs (vgl. zum Fall: BGH, Urteil vom 15.11.2012 – I ZR 74/12 –, juris).

2. Dem Verein Wertschätzung e. V. und seinen Mitarbeiterinnen und Mitarbeitern wird im Rahmen der Tagesgruppenbetreuung die Aufsicht über die Kinder und Jugendlichen durch Vertrag übertragen. Wenn die Mitarbeiterinnen und Mitarbeiter des Vereins ihre Aufsichtspflicht verletzen, können Schadensersatzforderungen nach §§ 280, 832 BGB entstehen. Bei einer vorsätzlichen Aufsichtspflichtverletzung ist eine Strafbarkeit der Mitarbeiterinnen und Mitarbeiter möglich (vgl. §§ 106 UrhG, 27, 13 StGB).

Der Inhalt der Aufsichtspflicht beurteilt sich zunächst nach den allgemeinen Kriterien der Aufsichtspflicht (Alter, Eigenart und Charakter der aufsichtbedürftigen Personen; örtliches Umfeld, Ausmaß der drohenden Gefahren; Voraussehbarkeit des schädigenden Verhaltens und Zumutbarkeit von Aufsichtsmaßnahmen). Nach der Rechtsprechung zur Aufsichtspflicht der Eltern bei Urheberrechtsverletzungen im Internet (vgl. BGH, Urteil vom 15.11.2012 – I ZR 74/12 –, juris) ist eine Belehrung über Rechtswidrigkeit und Verbot der Teilnahme an den Tauschbörsen ausreichend, wenn keine konkreten Anhaltspunkte vorliegen, dass dieses Verbot missachtet wird. Aus diesen rechtlichen Grundlagen ergeben sich folgende Anregungen für das Konzept, wobei berücksichtigt wird, dass in einer Einrichtung aufgrund der Anzahl der Kinder und Jugendlichen mehr Gefahren für eine Urheberrechtsverletzung drohen als bei einem Kind im Rahmen der elterlichen Sorge: altersgerechte schriftliche und mündliche Erläuterung des Urheberrechts in Bezug auf Tauschbörsen einschließlich Verbot der Teilnahme daran (Empfangsbestätigung jeweils von aufsichtsbedürftiger und sorgeberechtigter Person erwirken!), Aushang der Erläuterung und des Verbots an den Computerplätzen, Sperrung der betreffenden Internetseiten, soweit möglich, Beschränkung der Nutzungszeiten der Computerplätze, stichprobenhafte Kontrolle der Computernutzung, Verbot der Computernutzung bei Verstoß gegen die Regeln.

3. Wenn S dem Lehrer von B's Tat erzählt, kann sie sich gemäß § 203 Abs. 1 Nr. 5 StGB strafbar machen, sofern B's Eltern einen Strafantrag stellen (vgl. § 205 Abs. 1 StGB i. V. m. § 77 Abs. 3 StGB).

Sofern S beim Jugendamt arbeitete, hat sie ein Zeugnisverweigerungsrecht vor Gericht gemäß § 35 Abs. 3 SGB I i. V.m. § 61 Abs. 1 SGB VIII, sofern sie keine Befugnis zur Weitergabe dieser Sozialdaten hat (vgl. §§ 61 Abs. 1 SGB VIII i. V.m. § 67 Abs. 1 SGB X). Eine solche Befugnis ergibt sich nicht aus § 73 Abs. 1 SGB X. Demnach dürfen in einem Strafverfahren Sozialdaten nur wegen eines Verbrechens oder wegen einer Straftat von erheblicher Bedeutung übermittelt werden. Das Zerstechen der Reifen ist weder ein Verbrechen (vgl. §§ 303, 12 StGB) noch eine Straftat von besonderer Bedeutung.

Lösung Fall 14.4: Der Elternabend

1. Die Antworten auf die Quizfragen lauten:

1.1 Deutschland hat die Kinderrechte seit dem 15.07.2010 vorbehaltlos anerkannt. Die Vorbehalte, unter denen Deutschland der Kinderrechtskonvention am 17.02.1992 zugestimmt hat, sind durch Beschlüsse des Bundesrats vom 26.03.2010 und der Bundesregierung vom 03.05.2010 zurückgenommen worden. Das Rücknahmeschreiben ist formal am 15.07.2010 an die Vereinten Nationen übergeben worden.
1.2 Als Kind im Sinne der Kinderrechtskonvention wird gemäß Art. 1 UN-KRK jeder Mensch unter 18 Jahren angesehen.
1.3 Zwar gelten die Grundrechte im Grundgesetz für alle Menschen und damit auch für Kinder, jedoch sind explizite Kinderrechte nicht im Grundgesetz verankert.

2. Die Kinderrechte der UN-KRK haben den Rang eines formellen Bundesgesetzes. Nach Art. 42 UN-KRK müssen Kinder über die Kinderrechte informiert werden.

3. Ein Anspruch auf den Besuch einer französischsprachigen Grundschule lässt sich aus Art. 28, 29 UN-KRK nicht herleiten. Art. 28 UN-KRK beinhaltet das Recht und die Pflicht, eine Grundschule unentgeltlich zu besuchen, wobei die Bildung des Kindes nach Art. 29 Abs. 1a UN-KRK darauf gerichtet sein muss, „die Persönlichkeit, die Begabung und die geistigen und körperlichen Fähigkeiten des Kindes voll zur Entfaltung zu bringen". In den Schutzbereich dieser völkerrechtlichen Vereinbarung wird nicht eingegriffen, wenn jemandem aus Kapazitätsgründen ein Platz an einer fremdsprachigen, wohnortnahen Grundschule versagt wird (vgl. VG Berlin, Beschluss vom 22.08.2013 – 3 L 530.13 –, juris).

Literatur

Arbeitsgemeinschaft für Kinder- und Jugendhilfe (AGJ) (Hrsg.) (2013): Chancen und Herausforderungen des Ausbaus der Kindertagesbetreuung für unter Dreijährige. Eigenverlag der Arbeitsgemeinschaft für Kinder- und Jugendhilfe (AGJ), Berlin

Arbeitsstelle Kinder- und Jugendhilfestatistik (AKJStat), Kinder- und Jugendhilfe (2014): Ein Blick in den Zahlenspiegel der amtlichen Statistik. Forum Jugendhilfe Heft 2/2014, 47–52

Avenarius, H., Füssel, H.-P. (2010): Schulrecht: Ein Handbuch für die Praxis, Rechtsprechung und Wissenschaft. 8. Aufl. Carl Link, Köln

Avenarius, H., Pieroth, B., Barczak, T. (2012): Die Herausforderung des öffentlichen Schulwesens durch private Schulen – eine Kontroverse. Die Freien Schulen in der Standortkonkurrenz. Nomos, Baden-Baden

Beaucamp, G., Seifert, J. (2008): Wann lohnt sich die Anfechtung einer Prüfungsentscheidung? Ein Überblick anhand der jüngeren obergerichtlichen Rechtsprechung. Neue Zeitschrift für Verwaltungsrecht (NVwZ) Heft 3/2008, 261–266

Becker, H., Franke, E., Molkentin, Th. (Hrsg.) (2014): Sozialgesetzbuch VII: Gesetzliche Unfallversicherung, Lehr- und Praxiskommentar. 4. Aufl. Nomos, Baden-Baden

Boetticher, A. von (2014): Rehabilitation und Teilhabe von Menschen mit Behinderungen. In: Trenczek, T., Tammen, B., Behlert, W., Boetticher, A. von (2014): Grundzüge des Rechts. Studienbuch für soziale Berufe. 4. Aufl. Ernst Reinhardt, München/Basel, 574–598

Brücke in die Berufsausbildung. Betriebliche Einstiegsqualifizierung (EQ). Stand: September 2014. In: www.arbeitsagentur.de/web/wcm/idc/groups/public/documents/webdatei/mdaw/mdk2/~edisp/l6019022dstbai382599.pdf, 13.02.2015

Bundesministerium für Familie, Senioren, Frauen und Jugend (Hrsg.) (2014): Übereinkommen über die Rechte des Kindes. 5. Aufl. Eigenverlag, Berlin

Dau, D.H., Düwell, F.J., Joussen, J. (2014): Sozialgesetzbuch IX. Rehabilitation und Teilhabe behinderter Menschen. Lehr- und Praxiskommentar. 4. Aufl. Nomos, Baden-Baden

Deinert, O., Welti, F. (Hrsg.) (2014): Stichwortkommentar Behindertenrecht. Nomos, Baden-Baden

Deinet, U., Sturzenhecker, B. (Hrsg.) (2013): Handbuch offene Kinder- und Jugendarbeit. 4. Aufl. Springer Fachmedien, Wiesbaden

Dettenborn, H. (2014): Kindeswohl und Kindeswille. Psychologische und rechtliche Aspekte. 4. Aufl. Ernst Reinhardt, München/Basel

Deutscher Bundestag (2013): 14. Kinder- und Jugendbericht. Bericht über die Lebenssituation junger Menschen und die Leistungen der Kinder- und Jugendhilfe in Deutschland. Bundestags-Drucksache 17/12200, herausgegeben auch als Broschüre des Bundesministeriums für Familie, Senioren, Frauen und Jugend. Berlin

Deutsches Institut für Internationale pädagogische Forschung (DIPF) (2014): In: www.bildungsserver.de, 07.02.2015

Deutscher Städtetag et. al. (2009): Empfehlungen zur Festlegung fachlicher Verfahrensstandards in den Jugendämtern bei Gefährdung des Kindeswohls. Nachrichtendienst des Deutschen Vereins für öffentliche und private Fürsorge (NDV) Heft 7/2009, 263–270

Deutsches Studentenwerk (Hrsg.) (2013): Bundesausbildungsförderungsgesetz mit Erläuterungen. 23. Aufl. Bundesanzeiger, Köln

Dieball, H., Lehmann, K.-H. (2009): Basiswissen zu Aufsichtspflicht und Haftung. Grundlegender Leitfaden rechtlicher Vorgaben für die Arbeit mit Kinder und Jugendlichen. Evangelischer Erziehungsverband e.V. (EREV), Hannover

Fachkonzept Berufseinstiegsbegleitung im Auftrag der Bundesagentur für Arbeit. Stand: September 2011. In: www.bildungsketten.de/_media/Fachkonzept_fuer_die_Berufseinstiegsbegleitung.pdf, 13.02.2015

Fachkonzept der BA für berufsvorbereitende Bildungsmaßnahmen nach §§ 51 ff. SGB III. Stand: November 2012. In: www.arbeitsagentur.de/web/wcm/idc/groups/public/documents/webdatei/mdaw/mta1/~edisp/l6019022dst-bai433408.pdf, 13.02.2015

Falterbaum, J. (2013): Rechtliche Grundlagen Sozialer Arbeit. 4. Aufl. Kohlhammer, Stuttgart

Fasselt, U., Schellhorn, H. (Hrsg.) (2012): Handbuch der Sozialrechtsberatung. 4. Aufl. Nomos, Baden-Baden

Fischer, Th. (2015): Strafgesetzbuch mit Nebengesetzen. 62. Aufl. C.H. Beck, München

Fricke, E. (2005): Ausbildungsförderungsrecht. In: Fricke, E., Ott, S. (2005): Verwaltungsrecht in der anwaltlichen Praxis. 2. Aufl. Deutscher Anwalt Verlag, Bonn, § 60

Frings, D. (2014): Sozialrecht für die Soziale Arbeit. 2. Aufl. Kohlhammer, Stuttgart

Fröschle, T. (2013): Sorge und Umgang – Elternverantwortung in der Rechtspraxis. Gieseking, Bielefeld

Fuerst, A.-M. (2014): Schule. In: Deinert, O., Welti, F. (Hrsg.) (2014): Stichwortkommentar Behindertenrecht. Nomos, Baden-Baden, 726–735

Fülbier, P., Münchmeier, R. (Hrsg.) (2002): Handbuch Jugendsozialarbeit. 2. Aufl. Votum-Verlag, Münster

Gängler, H. (2013): „Jugend führt Jugend"? Zur Geschichte der Jugendverbände im Spiegel rechtlicher Kodifizierung. Recht der Jugend und des Bildungswesens (RdJB) Heft 1/2013, 33–44

Geschäftsanweisung „Berufliche Weiterbildung" der Bundesagentur für Arbeit. Stand: April 2013. In: www.arbeitsagentur.de/web/wcm/idc/groups/public/documents/webdatei/mdaw/mtay/~edisp/l6019022dstbai408410.pdf?_ba.sid=L6019022DSTBAI408413, 13.02.2015

Geiger, G. (Hrsg.) (2011): Kinderrechte sind Menschenrechte! Kinderrechte in Deutschland. Barbara Budrich, Opladen/Berlin/Farmington Hills

Handschell, T. (2012): Die Schulpflicht vor dem Grundgesetz. Geschichte der Schulpflicht und ihre verfassungsrechtliche Bewertung vor dem Hintergrund des sogenannten Homeschooling. Nomos, Baden-Baden

Hantel, P. (2014): Aus- und Weiterbildungsdienstleistungen nach dem SGB und der tarifliche Mindestlohn. Neue Justiz (NJ) Heft 2/2014, 57–61

Heinhold, H. (2012): Alle Kinder haben Rechte. Arbeitshilfe für die Beratung von Kindern und Jugendlichen mit Migrationshintergrund. Lambertus, Freiburg im Breisgau

Heiß, H., Castellanos, H. A. (2013): Die gemeinsame Sorge und das Kindeswohl. Nomos, Baden-Baden

Hömig, D. (Hrsg.) (2013): Grundgesetz für die Bundesrepublik Deutschland. 10. Aufl. Nomos, Baden-Baden

Hoffmann, B. (2013): Personensorge. 2. Aufl. Nomos, Baden-Baden

IJAB – Fachstelle für Internationale Jugendarbeit der Bundesrepublik Deutschland e.V. (2008): Kinder- und Jugendpolitik, Kinder- und Jugendhilfe in der Bundesrepublik Deutschland. Strukturen – Institutionen – Organisationen. Eigenverlag, Bonn

Institut für Bildungsforschung und Bildungsrecht e.V./Deutsches Institut für Internationale pädagogische Forschung (2014): Zur Rechtsstellung der Schülerinnen und Schüler – heute. Nomos, Baden-Baden

Institut für Bildungsforschung und Bildungsrecht e.V./Deutsches Institut für Internationale pädagogische Forschung (2013): Zur Rechtsstellung der Lehrkräfte – heute. Nomos, Baden-Baden

Institut für Bildungsforschung und Bildungsrecht e.V. (2012): Öffentliche Schulen in staatlicher und freier Trägerschaft. Nomos, Baden-Baden

Institut für Sozialarbeit und Sozialpädagogik (ISS) (Hrsg.) (2011): Die Bücher des Sozialgesetzbuches. Einführung für die Soziale Arbeit. Ernst Reinhardt, München/Basel

Institut für Sozialarbeit und Sozialpädagogik (ISS) (Hrsg.) (2012): Vernachlässigte Kinder besser schützen. Sozialpädagogisches Handeln bei Kindeswohlgefährdung. 2. Aufl. Ernst Reinhardt, München/Basel

Jans, K.-W., Happe, G., Saurbier, H., Maas, U. (Hrsg.) (2015): Kinder- und Jugendhilferecht. 3. Aufl. Kohlhammer, Stuttgart

Kessler, R. (2012): Rehabilitation und Teilhabe behinderter Menschen sowie: Behinderung. In: Fasselt, U., Schellhorn, H. (Hrsg.) (2012): Handbuch der Sozialrechtsberatung. 4. Aufl. Nomos, Baden-Baden, 280–290, 517–534

Kievel, W. (2011): SGB IX – Rehabilitation und Teilhabe behinderter Menschen. In: Institut für Sozialarbeit und Sozialpädagogik (ISS) (Hrsg.) (2011): Die Bücher des Sozialgesetzbuches. Einführung für die Soziale Arbeit. Ernst Reinhardt, München/Basel, 92–110

Kievel, W., Knösel, P., Marx, A. (2013): Recht für soziale Berufe. Basiswissen kompakt. 7. Aufl. Luchterhand, Neuwied

Klerks, U. (2013): Die Abgrenzung von Ausbildung und Weiterbildung. Anwalt/Anwältin im Sozialrecht (ASR) Heft 5/2013, 209–219

Kokemoor, A. (2014): Sozialrecht. Lernbuch, Strukturen, Übersichten. 6. Aufl. Vahlen, München

Kropholler, J. (2013): Bürgerliches Gesetzbuch – Studienkommentar. 14. Aufl. Beck, München

Kunkel, P.- Chr. (Hrsg.) (2013a): Kinder- und Jugendhilfe. Lehr- und Praxiskommentar (LPK-SGB VIII). 5. Aufl. Nomos, Baden-Baden

Kunkel, P.-Chr. (2013b): Jugendhilferecht. Systematische Darstellung für Studium und Praxis. 7. Aufl., Nomos, Baden-Baden

Krug, H., Riehle, E., Uhl, Th. (2015): SGB VIII – Kinder- und Jugendhilfe. Kommentar und Rechtssammlung. Luchterhand, Neuwied

Lehmann, K.-H., Radewagen, C. (2011): Basiswissen Datenschutz – Ist gute Arbeit trotz Schweigepflicht möglich? Ein grundlegender Leitfaden für die Arbeit in der Kinder- und Jugendhilfe. Evangelischer Erziehungsverband e.V. (EREV), Hannover

Liebel, M. (2013): Kinder und Gerechtigkeit. Über Kinderechte neu nachdenken. Juventa, Weinheim/Basel

Löhnig, M. (2010): Das Recht des Kindes nichtverheirateter Eltern. 3. Aufl. Erich Schmidt, Berlin

Luthe, E.-W. (Hrsg.) (2014): Rehabilitationsrecht. 2. Aufl. Erich Schmidt, Berlin

Luthe, E.-W. (2003): Bildungsrecht. Leitfaden für Ausbildung, Administration und Management. De Gruyter Recht, Berlin

Macsenare, M., Esser, K., Knab, E., Hiller, St. (Hrsg.) (2014): Handbuch der Hilfen zur Erziehung. Lambertus, Freiburg im Breisgau

Maunz, Th., Dürig, G. (2015):, Grundgesetz. Kommentar. C.H. Beck, München

Maywald, J. (2012): Kinder haben Rechte! Kinderrechte kennen – umsetzen – wahren. Beltz, Weinheim/Basel

Meysen, Th., Beckmann, J. (2013): Rechtsanspruch U3: Förderung in Kita und Kindertagespflege. Inhalt/Umfang/Rechtsschutz/Haftung. Nomos, Baden-Baden

Meysen, Th., Eschelbach, D. (2012): Das neue Bundeskinderschutzgesetz. Nomos, Baden-Baden

Münder, J., Meysen, Th., Trenczek, Th. (2013a): Frankfurter Kommentar zum SGB VIII Kinder- und Jugendhilfe. 7. Aufl. Nomos, Baden-Baden

Münder, J., Ernst, R., Behlert, W. (2013b): Familienrecht. Eine sozialwissenschaftlich orientierte Darstellung. 7. Aufl. Nomos, Baden-Baden

Münder, J., Trenczek, Th. (2011): Kinder- und Jugendhilferecht. Eine sozialwissenschaftlich orientierte Darstellung. 7. Aufl. Luchterhand, Neuwied

Niehues, N., Fischer, E., Jeremias, C. (2014): Prüfungsrecht. 6. Aufl. C.H. Beck, München

Nikles, B.W., Roll, S., Spürck, D., Erdemir, M., Gutknecht, S. (2011): Jugendschutzrecht. Kommentar. 3. Aufl. Luchterhand, Neuwied

Palandt, O. (2015): Bürgerliches Gesetzbuch. 74. Aufl. C.H. Beck, München

Papenheim, H.-G., Baltes, J., Dern, S., Palsherm, I. (2013): Verwaltungsrecht für die soziale Praxis. 24. Aufl. Fachhochschulverlag, Frankfurt am Main

Penka, S., Fehrenbacher, R. (Hrsg.) (2012): Kinderrechte umgesetzt. Grundlagen, Reflexion und Praxis. Lambertus, Freiburg im Breisgau

Peucker, C., Gadow, T., Pluto, L., Seckinger, M. (2013): Jugendverbände – Rahmenbedingungen, Leistungen und Herausforderungen. Recht der Jugend und des Bildungswesens (RdJB) Heft 1/2013, 45–59

Prenzlow, R. (2013): Handbuch Elterliche Sorge und Umgang. Bundesanzeiger, Köln

Ramsauer, U., Stallbaum, M. (Hrsg.) (2014): Bundesausbildungsförderungsgesetz. Kommentar. 5. Aufl. C.H. Beck, München

Rauschenbach, Th., Borrmann, S. (2013): Arbeitsfelder der Kinder- und Jugendarbeit. Beltz Juventa, Weinheim

Rux, J., Niehues, N. (2013): Schulrecht. 5. Aufl. C.H. Beck, München

Schleicher, H. (2014): Jugend- und Familienrecht. Ein Studienbuch. 14. Aufl. C.H. Beck, München

Schmahl, S. (2013): Kinderrechtskonvention mit Zusatzprotokollen. Handkommentar. Nomos, Baden-Baden

Schruth, P., Pütz, Th. (2009): Jugendwohnen. Eine Einführung in die sozialrechtlichen Grundlagen, das Sozialverwaltungsverfahren und die Entgeltfinanzierung. Beltz Juventa, Weinheim

Schütte, W. (2014): Sozialhilferecht (SGB XII). In: Luthe, E.-W. (Hrsg.) (2014): Rehabilitationsrecht. 2. Aufl. Erich Schmidt, Berlin, 583–685

Schwab, D. (2014): Familienrecht. 22. Aufl. C.H. Beck, München

Seebass, F. (1985): Die Prüfung – ein rechtsschutzloser Freiraum des Prüfers? Neue Zeitschrift für Verwaltungsrecht (NVwZ) Heft 8/1985, 521–530

Siehr, A., Wrase, M. (2014): Das Recht auf inklusive Schulbildung als Strukturfrage des deutschen Schulrechts – Anforderungen aus Art. 24 BRK und Art. 3 Abs. 3 Satz 2 GG. Recht der Jugend und des Bildungswesens (RdJB) Heft 2/2014, 161–182

Speck, K. (2014): „Schulsozialarbeit". 3. Aufl. Ernst Reinhard, München/Basel

Statistisches Bundesamt (2015): Öffentliche Hand gab 2013 rund 35,5 Mrd. € für Kinder- und Jugendhilfe aus. Pressemitteilung Nr. 26 vom 23.01.2015 – 28/14. Wiesbaden

Statistisches Bundesamt (2013): Statistiken der Kinder- und Jugendhilfe. Kinder und tätige Personen in Tageseinrichtungen und in öffentlich geförderter Kindertagespflege am 01.03.2013. Wiesbaden

Thole, W. (2000): Kinder- und Jugendarbeit. Eine Einführung. Beltz Juventus, Weinheim

Trenczek, T., Tammen, B., Behlert, W., Boetticher, A. von (2014): Grundzüge des Rechts. Studienbuch für soziale Berufe. 4. Aufl. Ernst Reinhardt, München/Basel

Völker, M., Clausius, M. (2011): Sorge- und Umgangsrecht. Deutscher Anwaltsverlag, Bonn

Wabnitz, R.J. (2015a): 20 Jahre Umsetzung der UN- Kinderrechtskonvention in Deutschland – seit dem Ersten Staatenbericht 1994 und den „Concluding Observations" 1995. Unsere Jugend (UJ) Heft 2/2015, 89–98

Wabnitz, R.J. (2015b): 25 Jahre SGB VIII. Die Geschichte des Achten Buches Sozialgesetzbuch von 1990 bis 2015. Eigenverlag der Arbeitsgemeinschaft für Kinder- und Jugendhilfe (AGJ), Berlin

Wabnitz, R.J. (2014a): Grundkurs Recht für die Soziale Arbeit. 2. Aufl. Ernst Reinhardt, München/Basel

Wabnitz, R.J. (2014b): Grundkurs Familienrecht für die Soziale Arbeit. 4. Aufl. Ernst Reinhardt, München/Basel

Wabnitz, R.J. (2013a): (Gesetzliche) Inklusionsbarrieren – Was behindert Inklusion. Zeitschrift für Kindschaftsrecht und Jugendhilfe (ZKJ) Heft 2/2013, 52–57

Wabnitz, R.J. (2013b): Gibt es ein Recht der Jugendverbände auf Förderung? Recht der Jugend und des Bildungswesens (RdJB) Heft 1/2013, 72–83

Wabnitz, R.J. (2012): Grundkurs Kinder- und Jugendhilferecht für die Soziale Arbeit. 3. Aufl. Ernst Reinhardt, München/Basel

Wabnitz, R.J. (2009): Vom KJHG zum Kinderförderungsgesetz. Die Geschichte des Achten Buches Sozialgesetzbuch von 1991 bis 2008. Eigenverlag der Arbeitsgemeinschaft für Kinder- und Jugendhilfe (AGJ), Berlin

Wabnitz, R.J. (2007): Hessisches Kinder- und Jugendhilfegesetzbuch (HKJGB). Kommentar. Fachhochschulverlag, Frankfurt

Wabnitz, R.J. (2005): Rechtsansprüche gegenüber Trägern der öffentlichen Kinder- und Jugendhilfe nach dem Achten Buch Sozialgesetzbuch (SGB VIII). Eigenverlag der Arbeitsgemeinschaft für Kinder- und Jugendhilfe (AGJ), Berlin

Wabnitz, R.J. (2003): Recht der Finanzierung der Jugendarbeit und Jugendsozialarbeit. Ein Handbuch. Nomos, Baden-Baden

Wabnitz, R.J., Fieseler, G., Schleicher, H. (Hrsg.) (2015): GK-SGB VIII. Kinder- und Jugendhilferecht. Gemeinschaftskommentar zum SGB VIII. Luchterhand, Neuwied

Wiesner, R. (2014): Kinder- und Jugendhilfe (SGB VIII). In: Luthe, E.-W. (Hrsg.) (2014): Rehabilitationsrecht. 2. Aufl. Erich Schmidt, Berlin, 564–582

Wiesner, R. (2011): SGB VIII. Kinder- und Jugendhilfe. Kommentar. 4. Aufl. C.H. Beck, München

Wiesner, R., Bernzen, C., Kößler, M. (2013): Jugendverbände sind zu fördern! Rechtsgutachten im Auftrag des Deutschen Bundesjugendrings, Berlin

Wiesner, R., Grube, C., Kößler, M. (2013): Der Anspruch auf frühkindliche Förderung und seine Durchsetzung. Folgen der Nichterfüllung des Anspruchs. Kommunalschulverlag, Wiesbaden

Winkler, J. (2014): Jugendhilferecht. In: Schleicher, H. (2014): Jugend- und Familienrecht. Ein Studienbuch. 14. Aufl. C.H. Beck, München, 37–133

Winkler, J. (2012): Teil I. Kapitel 1: Ausbildungsförderung sowie Teil II. Kapitel 1: Ausbildung. In: Fasselt, U., Schellhorn, H. (Hrsg.) (2012): Handbuch Sozialrechtsberatung. 4. Aufl. Nomos, Baden-Baden, 42–44, 322–360

Zimmerling, W., Brehm, R. (2007): Prüfungsrecht. 3. Aufl. Carl Heymannns Verlag, Köln

Sachregister

Agentur für Arbeit 105 ff.
Amtsgericht 25, 46
Anfechtungsklage 54, 133 ff.
Anspruch (Rechtsanspruch) 21
Arbeitsgericht 25
Arbeitsgerichtsbarkeit 25
Aufsichtsbehörden 100
Aufsichtspflichten 138
Ausbildungsförderung 87 ff.
–, nach dem Aufstiegsfortbildungsförderungsgesetz 92
–, nach dem Bundesausbildungsförderungsgesetz (siehe dort)
–, nach dem SGB III 105 ff.
–, nach weiteren Förderprogrammen 93
Auslegung von Gesetzen 16 ff., 158

Behinderte junge Menschen 117 ff.
–, Inklusion und Schule 123
–, Inklusion und Kinder- und Jugendhilfe 124
–, Leistungen nach dem SGB 117 ff.
–, Leistungen nach dem SGB VIII 121 ff.
–, Leistungen nach dem SGB IX 117 ff.
–, Leistungen nach dem SGB XII 121 ff.
–, Leistungen zur Teilhabe am Arbeitsleben 120
–, Leistungen zur Teilhabe am Leben in der Gemeinschaft 120

–, Leistungen der Eingliederungshilfe 121 ff.
–, Rehabilitationsträger 118 ff.
–, und Schule 121
Berufsausbildung 105 ff.
–, außerbetriebliche 108
–, behinderte Menschen 107
–, Berufsausbildungsbeihilfe 108 ff.
–, förderungsbedürftige junge Menschen 107
–, Leistungen 105 ff.
–, Verfahren 114 f.
–, Zuständigkeit 113 f.
Berufsausbildungsbeihilfe 108 ff.
–, berufsvorbereitende Bildungsmaßnahme 107
–, Einkommensanrechnung 110
–, Fahrkosten 109
–, förderungsfähiger Personenkreis 10 f.
–, Lebensunterhalt 109
–, persönliche Voraussetzungen 108
–, Verfahren 114 f.
–, Zuständigkeit 113 f.
Berufsvorbereitung 106 ff.
–, betriebliche Einstiegsqualifizierung 106 f.
–, berufsvorbereitende Bildungsmaßnahmen 106
–, Verfahren 114 f.
–, Zuständigkeit 113 f.
Berufswahl 104 ff.

–, Berufseinstiegsbegleitung 106
–, Berufsorientierungsmaßnahmen 106
–, Verfahren 114 f.
–, Zuständigkeit 113 f.
Bescheid 51 ff.
Bewilligungsbescheid 51 ff.
Bildung für behinderte junge Menschen; siehe Behinderte junge Menschen
Bildung und Teilhabe; siehe Behinderte junge Menschen
Bildungsrecht
–, Bildungsaspekte des Ausländer- und Aufenthaltsrechts 149 ff.
–, Internationale Aspekte 149 ff.
–, nach dem SGB II 91 ff.
–, nach dem SGB III 91 ff., 105 ff.
–, nach dem SGB VIII 58 ff., 68 ff., 77 ff.
–, nach dem SGB XII 91 ff.
–, nach dem Schulrecht der Länder 95 ff.
Bürgerliches Gesetzbuch (BGB) 22, 38 ff.
Bund und Länder 29, 31 ff.,
Bundesagentur für Arbeit 113 f.
Bundesarbeitsgericht 25
Bundesausbildungsförderungsgesetz 87 ff.
–, Förderungsfähige Ausbildungen 88 ff.
–, Leistungen 88 ff.
–, Persönliche Voraussetzungen für die Leistungsgewährung 90 ff.
–, Zuständigkeit, Verfahren, Anspruchsübergang 90 ff.
Bundesfinanzhof 25
Bundesgerichtshof 25
Bundesgesetze 18 ff.

Bundesrechtsverordnungen 18 ff.
Bundesrepublik Deutschland 28
Bundessozialgericht 25
Bundesstaat 29, 31
Bundesverfassungsgericht 25
Bundesverwaltungsgericht 25

Datenschutz 144 ff.
Deliktsrecht 138 ff.
Demokratie 28
Dienstaufsicht 101

Ehe und Familie 35, 38 ff.
Elternrechte, -pflichten 35, 41 ff.
Eilverfahren 56, 133 ff.
Eingliederung behinderter Menschen (siehe: Behinderte junge Menschen)
Eingliederungshilfe 121
Einstweiliger Rechtsschutz 56, 133 ff.
Elterliche Sorge 41 ff., 44 ff.
–, Begriff und Erwerb 41
–, Eingriff durch Familiengericht 46
–, Inhalt und Ausübung 43
–, Personensorge 41
–, Vertretung, gesetzliche 44
Existenzminimum 34

Fachaufsicht 100
Fallbearbeitung 158 ff.
Familiengericht 44
Familienrecht 36 ff.
Föderalismus 31
Freie Träger 59
Freiheitsgrundrechte 32 ff.

Gemeinden 29 ff., 57 ff.
Gerechtigkeit 49

Gerichtliche Rechtsverwirklichung 24
Gerichtliches Verfahrensrecht 26
Gerichtsaufbau in Deutschland 25
Geschäftsfähigkeit 44 ff.
–, beschränkte 44 ff.
–, Geschäftsunfähigkeit 44 ff.
–, volle 44 ff.
Gesetzliche Krankenversicherung 50
Gesetzliche Rentenversicherung 50
Gesetzliche Unfallversicherung 50
Gewaltenteilung 29
Gleichheitsgrundrechte 34 f.
Grundgesetz 18, 26
Grundrechte 32
Grundsicherung für Arbeitsuchende 50

Haftung (zivilrechtliche) 138
Haftung für das Handeln oder Unterlassen anderer 142
Hochschulrecht 32
Hoheitliche Verwaltung 51

Judikative 29
Jugendamt 59 ff.
Jugendhilfe: siehe Kinder- und Jugendhilfe(recht) nach dem SGB VIII
Jugendschutz 74

Kinder- und Jugendhilfe(recht) nach dem SGB VIII 58 ff., 68 ff., 77 ff.
–, Allgemeine Vorschriften 58
–, Beteiligungsrechte 59
–, Eingliederungshilfe für seelisch behinderte Kinder und Jugendliche 64, 121
–, Erzieherischer Kinder- und Jugendschutz 74
–, Familienbildung 62
–, Frühe Hilfen 62
–, Hilfe für junge Volljährige 64
–, Hilfen zur Erziehung 63
–, Hilfeplan 65
–, Inklusion 124
–, Jugendamt 59 ff.
–, Jugendarbeit 68
–, Jugendverbände 70
–, Jugendsozialarbeit 71
–, Kindertagespflege 77 ff., 82 ff.
–, Kinder- und Jugendschutz 74
–, Kindeswohlgefährdung 60
–, Kooperation mit anderen Trägern und Maßnahmen 73
–, Kooperation mit der Schule 71, 74
–, Mitwirkung 65
–, Schulsozialarbeit 73
–, Schutzauftrag bei Kindeswohlgefährdung 60
–, Tageseinrichtungen für Kinder 77 ff.
–, Träger der freien Jugendhilfe 59
–, Träger der öffentlichen Jugendhilfe 59
–, Wunsch- und Wahlrechte 59
Kindeswohl 60
Kindeswohlgefährdung 35, 60
Klagearten (in der Sozial- und Verwaltungsgerichtsbarkeit) 56
Klassenarbeitsnoten 129
Kommunalverwaltung 31, 59

Landesgesetze 18 f., 58
Landesjugendamt 59
Landesrechtsverordnungen 18 f.

Sachregister

Landessozialgericht 25
Landesverfassungen 31
Landgericht 25
Landkreise 31, 59
Landtage 29
Legislative 29

Menschenrechte, -würde 34
Methoden praktischer Rechtsanwendung 158 ff.
–, Gesetzesauslegung 158 ff.
–, Rechtstechnik/Subsumtion 158 ff.
Minderjährige 44

Normen: siehe Rechtsnormen

Oberlandesgericht 25
Oberverwaltungsgericht 25
Objektives Recht 21
Öffentliches Recht 22
Öffentlich-rechtlicher Vertrag 51, 53
Ordentliche Gerichtsbarkeit 25
Örtliche Zuständigkeit 113

Parlamentarische Demokratie 28
Personen 22 ff.
Pflegeversicherung, Soziale 50
Pluralität (von Trägern) 59
Privatrecht (Zivilrecht) 22
Prozessgesetze 26
Prozesskostenhilfe 26
Prüfungen, berufsbezogene 127
–, Chancengleichheit 129
–, Gegenvorstellungsrecht 129
–, Grundrechtsschutz 128
–, Überdenkungsverfahren 131
Prüfungsverfahren 129 ff.
– als Verwaltungsverfahren 129 f.

–, besondere Verfahrensregelungen 130
–, Erfolgsaussichten von Rechtsmitteln 134 ff.
–, Klageverfahren 133 f.
–, Rechtsschutz 131 ff.
–, Widerspruchsverfahren 131 f.

Recht: als Rahmenbedingung Sozialer Arbeit 18
Rechtsanspruch 21
Rechtsaufsicht 101
Rechtsfähigkeit 44
Rechtsnormen 18
–, Einteilung 18
–, Hierarchie 18
–, Objektive und subjektive Rechtsnormen 21
–, Strukturen 18 ff.
–, Zitierweise 20
Rechtsquellen 18
Rechtsschutz gegenüber Verwaltungshandeln 51 ff.
–, Widerspruchsverfahren 54, 131
–, Gerichtliche Verfahren 56, 133
Rechtsstaat, Rechtsstaatsprinzip 29
Rechtstechnik 158
Rechtsverordnung(en) 18
Rehabilitation und Teilhabe: siehe Behinderte junge Menschen
Rehabilitationsträger 118
Religiöse Kindererziehung 40
Rentenversicherung, Gesetzliche 50
Republik 28

Sachverhalt 158
Schadenersatz 138 ff.
Schmerzensgeld 141
Schulpflicht 35, 96

Schulrecht 95 ff.
–, der Länder 32
–, Gesetzgebungskompetenzen 32
–, Recht auf schulische Bildung 97
–, Rechtstellung von Eltern 102
–, Rechte und Pflichten von Lehrerinnen und Lehrern 101
–, Rechte und Pflichten von Schülerinnen und Schülern 101
–, Schulbildung im Rahmen der Eingliederungshilfe 123
Schulwesen 98
–, Gliederung und Organisation 98
–, Inklusion 123
–, Privatschulfreiheit 101
–, Schularten 98
–, Schulaufsicht 100
–, Schulhoheit 101
–, Schulträgerschaft 100
–, Schulverwaltung 98 ff.
Schweigepflichten 146
Sorgerecht: siehe Elterliche Sorge
Sozialdatenschutz 144
Soziale Gerechtigkeit 49 ff.
Soziale Sicherheit 49 ff.
Sozialgerichtliches Verfahren 56
Sozialgerichtsbarkeit 25
Sozialgerichtsgesetz 56
Sozialgesetzbuch (SGB) 49
–, Bücher I bis XII 49
–, Gesetze der Fürsorge und Förderung 50
–, Gesetze der (Sozial-)Versicherung 50
–, SGB I (Allgemeiner Teil) 49
–, SGB II (Grundsicherung) 50
–, SGB III (Arbeitsförderung) 105 ff.
–, SGB VII (Gesetzliche Unfallversicherung) 143

–, SGB VIII (Kinder- und Jugendhilfe) 50, 56 ff.
–, SGB IX (Rehabilitation und Teilhabe) 50, 117 ff.
–, SGB X (Verwaltungsverfahren u. a.) 49
–, SGB XII (Sozialhilfe) 50, 121 ff.
Sozialhilfe 50, 121 ff.
Sozialrecht 49 ff.
Sozialstaat 30
Sozialversicherung 50
Sozialverwaltungsverfahren 51 ff.
Staatsprinzipien des Grundgesetzes 28 ff.
–, Bundesstaatsprinzip 31 ff.
–, Demokratieprinzip 28
–, Rechtsstaatsprinzip 29
–, Republikanisches Prinzip 28
–, Sozialstaatsprinzip 30
Städte 59
Subjektive(s) Recht(e) 21
Subsidiaritätsprinzip 59
Subsumtion 158

Tatbestand 158
Tatbestandsmäßigkeit 158
Teilhabe: siehe Behinderte junge Menschen

Umgang(srechte) 47
Unerlaubte Handlungen 138
Unfallversicherung, Gesetzliche 143
Unterhalt 39

Verfahrensrecht 51
Verfassungsgerichtsbarkeit 25
Verfassungsrecht 25
Verhältnismäßigkeitsprinzip 29
Verordnung(en) 18

Sachregister

Versetzungsentscheidungen 129
Verträge 23, 44, 53
Vertretung 44
–, Gesetzliche Vertretung 44
–, Rechtsgeschäftliche Vertretung 44
Verwaltungsakt 51
–, Begriff und Bestandteile 51
–, Bestandskraft und Aufhebung 53
–, begünstigender Verwaltungsakt 52
–, nicht begünstigender Verwaltungsakt 53
Verwaltungsgerichtliches Verfahren 56
Verwaltungsgericht 25
Verwaltungsgerichtsbarkeit 25
Verwaltungsgerichtsordnung
Verwaltungsverfahren 26
Verwandtenunterhalt 39

Weiterbildung, berufliche 110 ff.
–, Anforderungen 111
–, förderungsfähige Weiterbildungen 110 f.
–, Leistungen 101 f.
–, persönliche Voraussetzungen 112 f.
–, Verfahren 114 f.
–, Zuständigkeit 113 f.
Widerspruchsverfahren 54, 131
–, Einlegung eines Widerspruchs 54
–, Entscheidungen über einen Widerspruch 55, 134
–, Begründetheit 55, 134
–, Zulässigkeit 55, 134

Zivilgerichtsbarkeit 25
Zivilrecht (Privatrecht) 22
Zivilrechtliche Haftungsfragen (Deliktsrecht) 138
Zivilrechtliche Verträge 22 f., 44
Zuständigkeiten 25, 32, 46, 51, 59, 90, 98, 113, 129 ff.

Familie und Recht im Fokus

Reinhard J. Wabnitz
Grundkurs Familienrecht für die Soziale Arbeit
4., überarb. Auflage 2014. 197 Seiten. 7 Tab. Mit 67 Übersichten, 14 Fallbeispielen und Musterlösungen
UTB-S (978-3-8252-4264-0) kt

Systematisch und leicht verständlich werden die wichtigsten Regelungen, z. B. zu Eheschließung und nicht ehelichen Lebensgemeinschaften, Scheidung und Unterhalt, Adoption, Vormundschaft und Pflegschaft dargestellt.
Die 4. Auflage wurde auf den aktuellen Stand der Gesetzgebung, Rechtsprechung und Literatur gebracht.
Mit Fallbeispielen, Prüfungsfragen, Musterlösungen und einem ausführlichen Literaturverzeichnis. Ein Muss für Studierende der Sozialen Arbeit!

www.reinhardt-verlag.de